EinFach
Deutsch

W0197033

... verstehen

E. T. A. Hoffmann

Der goldne Topf

Ein Märchen aus der neuen Zeit

... verstehen

Erarbeitet von
Martin Zurwehme

Herausgegeben von
Johannes Diekhans
Michael Völkl

Bildnachweis: S. 22: ullstein bild – imageBROKER/Denis Meyer; S. 43: Aus: E.T.A. Hoffmann: Der goldne Topf. Mit Illustrationen von Karl Thylmann. Hrsg. von Jochen Schmidt, Frankfurt am Main: Insel Verlag 1981, S. 95; S. 48, 82, 83, 90, 94: akg-images; S. 66: Picture-Alliance GmbH; S. 68: Hedwig Storch via wikimedia commons, https://commons.wikimedia.org/wiki/File:Bamberg_ETA_Hoffmann_13aug2007.jpg; S. 71: Beek100 via wikimedia commons, https://commons.wikimedia.org/wiki/File:Berlin,_Kreuzberg,_Friedhoefe_am_Halleschen_Tor,_Grab_E.T.A._Hoffmann.jpg; S. 77: © Staatsbibliothek Bamberg; S. 117: Foto: David Baltzer/Staatsschauspiel Dresden

© 2016 Bildungshaus Schulbuchverlage
Westermann Schroedel Diesterweg Schöningh Winklers GmbH
Braunschweig, Paderborn, Darmstadt

www.schoeningh-schulbuch.de
Schöningh Verlag, Jühenplatz 1–3, 33098 Paderborn

Druck A 5 4 3 2 1 / Jahr 2020 19 18 17 16
Alle Drucke der Serie A sind im Unterricht parallel verwendbar.
Die letzte Zahl bezeichnet das Jahr dieses Druckes.

Umschlaggestaltung: Nora Krull, Bielefeld
Umschlagbild: Staatsschauspiel Dresden; Foto: David Baltzer/Staatsschauspiel Dresden
Druck und Bindung: westermann druck GmbH, Braunschweig

ISBN 978-3-14-022657-8

Inhaltsverzeichnis

An die Leserin und den Leser

Liebe Leserin, lieber Leser,

es klingt auf den ersten Blick wie eine schon oft und in immer neuen Variationen erzählte Geschichte. Ein junger Mann, eher etwas tollpatschig und unsicher, steht zwischen zwei Frauen. Die eine stammt aus einer guten Familie, ist dem jungen Mann herzlich zugetan, wenngleich sie durchaus auch die Hoffnung hegt, dass er beruflich Karriere machen wird und ihr so ein standesgemäßes Leben sichern kann. Die andere Frau ist geheimnisvoll und faszinierend, besonders ihre Augen haben es dem jungen Mann angetan. Die erste Begegnung der beiden findet unter ungewöhnlichen Umständen statt, der junge Mann zweifelt zeitweise sogar an der Existenz dieser zweiten Frau und an seinem eigenen Verstand. Wie werden sich die beiden Frauen in dieser Situation verhalten, wie werden sich die drei Beteiligten letztendlich entscheiden?

E.T.A. Hoffmann erzählt in seinem Märchen „Der goldne Topf", welches im Jahr 1814 veröffentlicht wurde, die Geschichte einer solchen Dreiecksbeziehung und Liebesverwirrung. Es ist aber viel mehr als nur eine Geschichte von Beziehungskisten, Liebesglück und Liebesleid. Der Untertitel, den der Autor für sein Werk gewählt hat, deutet an, dass es vielschichtiger ist, als es die kurze Zusammenfassung des Inhalts erahnen lässt: „Ein Märchen aus der neuen Zeit". Hoffmann greift also die traditionelle Gattung des Märchens auf, welches üblicherweise in einer weit entfernten Vergangenheit angesiedelt ist, wie es die typische Einleitungsfloskel der Märchen „Es war einmal ..." zeigt. Bei Hoffmann jedoch spielt die Handlung in „der neuen Zeit", also in der Gegenwart des Autors. Er verlegt die Handlung darüber hinaus an einen klar identifizierbaren Ort, nämlich nach Dresden. Die vom Erzähler genannten Orte sind zumindest auf einem historischen Stadtplan der Stadt an der Elbe ohne Weiteres aufzufinden. Auch dies widerspricht dem gängigen Muster des Volksmärchens. Trotzdem hat Hoffmann aber auch typische Elemente des Märchens in seine Erzählung aufgenommen. Es geschehen seltsame, wunderbare, übernatürliche Dinge, Magie wird eingesetzt, Gut und Böse befinden sich im Widerstreit, ein rätselhafter Mensch gibt vor, eigentlich ein uralter Salamander zu sein. Was an dieser Geschichte ist real, was Einbildung? Auch die Frage, ob das Gute – wie im Märchen üblich – am Ende siegt, lässt sich auf den verschiedenen Ebenen, die im Text angelegt sind, unterschiedlich beantworten.

In der Handlung dieses Märchens treffen reale und fantastische Welt immer wieder aufeinander, die handelnden Figuren gehören zum Teil der einen, zum Teil der anderen Welt an, manche Figuren vereinen auch beide Welten in sich. Die Erzählung wirft in diesem Zusammenhang immer wieder die Frage auf, ob das, was Anselmus – so heißt der zu Beginn erwähnte junge Mann – passiert, ob das, was er wahrnimmt, wirklich ist oder doch nur in seiner Einbildung existiert. Die Figuren, die ganz der realen Welt angehören, finden auch ganz reale, rationale Erklärungen für Anselmus' Erlebnisse und Erfahrungen – er müsse, so wird ihm schon kurz nach Beginn der Handlung vorgeworfen, betrunken sein. Anders sei sein Verhalten nicht zu erklären. Gleichzeitig vermittelt der Erzähler der Leserin bzw. dem Leser[1] immer wieder den Eindruck, dass die fantastische Welt, dass die Magie regelmäßig in die reale Welt einbreche und diese beeinflussen oder gar beherrschen könne. Anselmus ist hin- und hergerissen zwischen beiden Welten. Für welche wird er sich entscheiden, sofern die Entscheidung bei ihm liegen sollte?

---

[1] Zur besseren Lesbarkeit wird im Folgenden nur die männliche Form genannt.

Der Erzähler selbst scheint sich unsicher zu sein, was Wahrheit, was Einbildung ist. Zumindest lässt er die Leser im Unklaren darüber, wie diese Frage zu beantworten ist. Er weist die Leser einmal ausdrücklich darauf hin, dass man das Dargestellte ja kaum glauben könne. Hat hier eine märchenhafte Handlung stattgefunden oder hat Anselmus nur geträumt und fantasiert? Oder ist gar der Erzähler auf eine erfundene Geschichte hereingefallen? Die Offenheit der Deutung, die in der Geschichte angelegt ist, hat dazu geführt, dass moderne Interpreten sie psychologisch als die Wahrnehmungen eines psychisch verwirrten Menschen gelesen haben. Dieser Deutungsansatz ist möglich und plausibel, doch lässt der Text auch ganz andere Lesarten zu.

So kann man das Märchen auch als einen Text lesen, der drängende Fragen seiner Entstehungszeit, der Epoche der Romantik, aufgreift und die Bedeutung von Literatur thematisiert, wie es der Erzähler im letzten Abschnitt des Märchens dann auch direkt anspricht.

Die Vielschichtigkeit des Textes und seiner Figuren macht ihn für den Leser attraktiv, hinzu kommen immer wieder überraschende erzählerische Einfälle in der Gestaltung der Handlung und der Figuren und nicht zuletzt die E. T. A. Hoffmann eigene Ironie, mit der er seine Geschichten erzählt und den Leser immer wieder zum Schmunzeln bringt.

Am besten ist es, Sie machen sich selbst ein Bild von den Figuren und der Geschichte. Eine vergnügliche und abwechslungsreiche Lektüre wünscht Ihnen

Martin Zurwehme

Der Inhalt im Überblick

E. T. A. Hoffmanns Märchen „Der goldne Topf" stellt den Studenten Anselmus als Hauptfigur in den Mittelpunkt der Handlung. Er ist ein Pechvogel, ein Unglücksrabe, ein Tollpatsch, auf der anderen Seite gibt er aber auch zu berechtigten Hoffnungen auf eine gute berufliche Karriere Anlass. Er steht zwischen zwei Frauen, die unterschiedliche Welten verkörpern. Da ist Veronika, die Tochter eines Freundes, des Konrektors Paulmann. Veronika und ihr Vater verkörpern die reale, bürgerliche Welt, der auch Anselmus eigentlich angehört. Die andere Frau ist Serpentina, eine der Töchter des geheimnisvollen Archivarius Lindhorst, der zwar mit der realen Welt in Kontakt steht – Anselmus lernt ihn über den Konrektor Paulmann und den Registrator[1] Heerbraud kennen –, eigentlich aber mit seinen Töchtern, die die Gestalt von kleinen, grüngoldenen Schlangen haben, zur fantastischen Welt gehört.

In Anselmus und seinem Schicksal spiegeln sich zentrale Fragen und Konflikte der Entstehungszeit dieses Märchens, welches in der Epoche der Romantik entstand. Es geht um den tatsächlichen oder vermeintlichen Gegensatz von Vernunft und Rationalität auf der einen und Gefühl, Fantasie und Vorstellungskraft auf der anderen Seite. Für E. T. A. Hoffmann waren dies zentrale Fragen, die er in seinen Werken immer wieder thematisierte, so z. B. in seinen Erzählungen „Der Sandmann" oder „Das Majorat". Der Autor beleuchtet dabei, wie in seinem Märchen „Der goldne Topf", auch die Innenwelt des Menschen. Das Märchen „Der goldne Topf" greift außerdem eine weitere für die Romantiker zentrale Frage- bzw. Problemstellung auf. Die Romantiker sahen den Menschen als entfremdet von der Natur an und strebten eine Wiederherstellung der, wie sie glaubten,

---

[1] Register führender Beamter

früheren Einheit von Mensch und Natur an, zumindest in der Literatur, da es ihnen im realen Leben nicht möglich schien.

Der Erzähler des Märchens teilt sein Werk in zwölf Vigilien, d. h. Nachtwachen, ein. Wie auch in anderen Werken der Romantik wird der Begriff „Kapitel" bewusst vermieden. Der Erzähler, der den Leser wiederholt anspricht, berichtet selbst, dass er seine „Nachtwachen" dazu nutze, die „höchst sonderbare Geschichte aufzuschreiben" (S. 27, Z. 17 f.), die von dem Studenten Anselmus und seinem Schicksal handele. Die Wahl des Begriffs „Nachtwachen" könnte von einem anderen romantischen Werk beeinflusst worden sein, den „Nachtwachen" von Ernst August Friedrich Klingemann, die 1804 unter dem Pseudonym Bonaventura erschienen.

Den einzelnen Vigilien stellt der Erzähler jeweils einen stichwortartigen Überblick über den Inhalt des folgenden Abschnitts voran, womit er zum Teil Elemente der Handlung vorwegnimmt, diese aber auch ironisch kommentiert.

Der Schauplatz der Handlung ist Dresden. Nicht nur die Stadt und der Fluss, an dem Dresden liegt, die Elbe, werden namentlich genannt und sind konkret zu identifizieren, auch einige andere Orte der Handlung werden konkret benannt und sind bzw. waren in Dresden zu finden. So konnten Leser des Märchens zu seiner Entstehungszeit auf den Spuren von Anselmus durch die Stadt wandern bzw. spätere Leser sich dies zumindest vorstellen.[1] Der Erzähler nennt konkrete Ausflugsorte, Gärten, Läden, die man zur Lebenszeit von E. T. A. Hoffmann in Dresden finden konnte. Hierzu gehört z. B. das Linkische (Linckesche) Bad, das Anselmus anfangs eigentlich aufsuchen möchte. Das Schwarze Tor, das zu Beginn der Märchenhandlung wichtig ist, war

---

[1] Vgl. Ingo Schulze: „Ich war ein begeisterter Dresdner". In: Süddeutsche Zeitung vom 31. März 2006. Hier zitiert nach: www.neumarkt-dresden.de/Texte/Ingo-Schulze.html (05.07.16).

allerdings kurz vor der Entstehung des Textes abgerissen worden.

Anders als im Märchen üblich werden hier sowohl der Raum der Handlung als auch die Zeit der Handlung konkret fixiert. Die Handlung setzt am Himmelfahrtstag ein, später wird die „Nacht des Äquinoktiums" (S. 51, Z. 26), also der „Tag- und Nachtgleiche" (S. 51, Z. 25), gemeint ist wohl der 23. September, genannt. Die Handlung auf der realen Ebene endet am 4. Februar des folgenden Jahres (vgl. S. 84), als der zum Hofrat ernannte ehemalige Registrator Heerbrand um die Hand Veronikas anhält.

Im Mittelpunkt der Handlung steht, wie erwähnt, der Student Anselmus, der zwischen der realen bürgerlichen und der fantastischen Welt steht und um den die unterschiedlichen Mächte der fantastischen Welt kämpfen. Anselmus fühlt sich in der realen Welt zu Veronika hingezogen, die die Tochter eines Freundes, des Konrektors Paulmann, ist. Diese erwidert seine Zuneigung durchaus, sie erhofft sich aber auch einen sozialen Aufstieg durch eine mögliche berufliche Karriere von Anselmus. Nach der Begegnung mit der geheimnisvollen Serpentina, die der Student als kleine, grüngoldene Schlange in einem Holunderbusch erblickt, fühlt sich Anselmus jedoch zu ihr und der fantastischen Welt hingezogen. Er weiß zunächst nicht, dass sie die Tochter des Archivarius Lindhorst ist, zu dem der Konrektor Paulmann den Kontakt für Anselmus herstellt, da Lindhorst jemanden braucht, der geheimnisvolle Manuskripte für ihn kopiert, was der junge Mann zunächst mit großer Sorgfalt tut. Als Gegenspielerin des Archivarius tritt die Rauerin auf, die Anselmus bereits zu Beginn der Handlung als Äpfelweib begegnet. Veronika sucht die Hilfe der Rauerin, die über magische Kräfte verfügt, als sie fürchtet, Anselmus an Serpentina und die fantastische Welt zu verlieren. Die Rauerin verspricht, mithilfe eines Liebeszaubers die Beziehung zwischen Veronika und Anselmus zu retten. Dieser fühlt sich zwischen beiden Frauen hin- und hergerissen. Er ist fasziniert von Serpentina und der Welt des Archivarius, sehnt sich jedoch auch nach Veronika und träumt von ihr, was die Folge des Liebeszaubers der Rauerin zu sein scheint. Es kommt schließlich zur Auseinandersetzung zwischen den Mächten der fantastischen Welt, zwischen Lindhorst und der Rauerin, die um Anselmus, der zur Strafe für einen Fehler beim Abschreiben eines Manuskripts in einer Kristallflasche eingesperrt worden ist, kämpfen. Dieser Kampf wird im Hause des Archivarius als Zweikampf ausgetragen. Lindhorst, der die guten Mächte der fantastischen Welt vertritt, setzt sich schließlich durch. Der Student wird aus der Kristallflasche befreit und verschwindet aus der realen Welt in das sagenhafte Atlantis, wo er mit Serpentina leben soll. Veronika hingegen wendet sich dem ehemaligen Registrator Heerbrand zu, der zwischenzeitlich zum Hofrat befördert worden ist und so Veronikas Wünsche, auf deren Erfüllung durch Anselmus sie eigentlich gehofft hat, befriedigen kann. So trennen sich reale und fantastische Welt am Ende auf dieser Ebene der Handlung wieder. In der letzten Vigilie wendet sich der Erzähler direkt an den Leser und berichtet von seinen Schwierigkeiten, das glückliche Leben von Anselmus und Serpentina in Atlantis darzustellen. Der Archivarius Lindhorst kommt dem Erzähler zu Hilfe, indem er ihn zu sich einlädt, wo der Erzähler eine Vision vom großen Glück Anselmus' hat. Der Erzähler ist anschließend jedoch niedergeschlagen, da er in sein eigenes alltägliches Leben zurückkehren muss.

Kurzüberblick über den Inhalt (nach Vigilien geordnet)

1. Vigilie:	Anselmus hört und sieht Serpentina im Holunderbusch
2. Vigilie:	Anselmus' Kahnfahrt auf der Elbe mit dem Konrektor Paulmann und dessen Tochter Veronika, gescheiterter Versuch der Kontaktaufnahme mit dem Archivarius Lindhorst
3. Vigilie:	Zusammentreffen mit Lindhorst im Kaffeehaus, wo dieser die sagenhafte Geschichte seiner Familie erzählt
4. Vigilie:	Rückkehr von Anselmus zum Holunderbusch, wo er erneut auf Lindhorst trifft
5. Vigilie:	Veronikas Traum von einer Ehe mit Anselmus, Verabredung eines Liebeszaubers mit der Rauerin, die über Zauberkräfte verfügt
6. Vigilie:	Anselmus besucht Lindhorst und beginnt die Schreibarbeit in dessen Haus
7. Vigilie:	Durchführung des Liebeszaubers der Rauerin unterstützt von Veronika
8. Vigilie:	Familiengeschichte Lindhorsts und Serpentinas, Warnung an Anselmus, beim Abschreiben vorsichtig zu sein
9. Vigilie:	Anselmus' Gefühle für Veronika, Alkoholexzess im Hause Paulmann, Unachtsamkeit von Anselmus beim Abschreiben wird bestraft
10. Vigilie:	Zweikampf zwischen der Rauerin und Lindhorst um Anselmus, Sieg Lindhorsts
11. Vigilie:	Beförderung Heerbrands zum Hofrat, sein Heiratsantrag an Veronika wird akzeptiert
12. Vigilie:	Erzähler erhält Hilfe von Lindhorst bei der Beendigung der Geschichte, Vision vom gemeinsamen Leben von Anselmus und Serpentina im sagenhaften Atlantis

Die Personenkonstellation

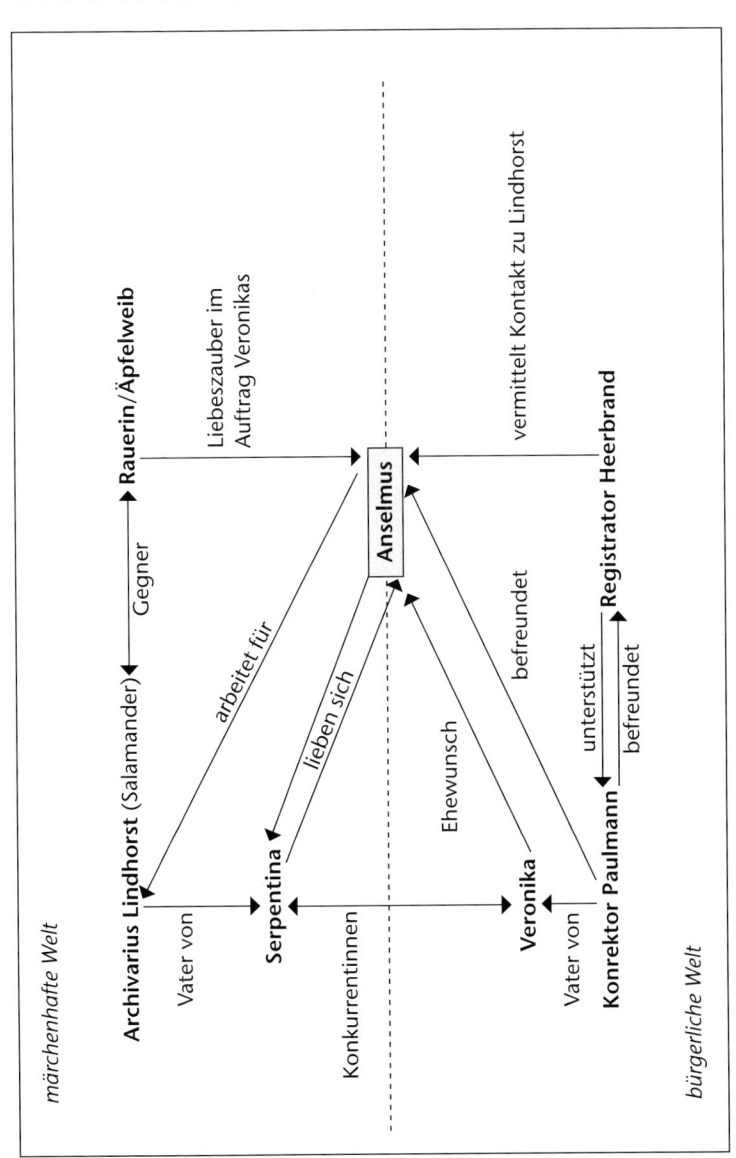

Inhalt, Aufbau und erste Deutungsansätze

Das Werk ist in zwölf Abschnitte, die der Erzähler als „Vigilien" (= Nachtwachen) bezeichnet, eingeteilt. Der Erzähler gibt an, dass er die Zeit seiner Nachtwachen nutze, um sein Werk niederzuschreiben, und er motiviert so die Einteilung des Textes. Die Handlung, die in der Stadt Dresden und ihrer Umgebung angesiedelt ist, erstreckt sich über einen Zeitraum von mehreren Monaten, nämlich vom Himmelfahrtstag im Frühjahr über den Tag der Tag- und Nachtgleiche im September bis in den Februar des nächsten Jahres hinein. Dies ergibt sich aus den im Text verstreuten Hinweisen. Im Mittelpunkt der Handlung steht der Student Anselmus.

Erste Vigilie (S. 5–11)[1]

Ort und Zeit der Handlung

Zu Beginn der Handlung werden der Handlungsort, Dresden, und die Zeit der Handlung, drei Uhr nachmittags am Himmelfahrtstag, genau benannt. Dadurch entsteht der Eindruck, dass eine realistische Geschichte erzählt wird. Das erste Ereignis, das der Erzähler mitteilt, wirkt zunächst alltäglich und keineswegs ungewöhnlich. Der Student Anselmus befindet sich an diesem Feiertag auf dem Weg zu einem beliebten Gartenlokal, wo er einen vergnüglichen Nachmittag verbringen möchte. Er träumt von alkoholischen Getränken und Gesprächen mit jungen Frauen.

Anselmus' Missgeschick

Doch auf dem Weg zu dem Gartenlokal passiert Anselmus ein Missgeschick. Kurz hinter dem Schwarzen Tor, einem Stadttor nördlich der Dresdener Altstadt, läuft er in die

---

[1] Sämtliche Stellenangaben beziehen sich auf die im Literaturverzeichnis angeführte Textausgabe des Schöningh Verlages.

Waren einer alten Marktfrau, des Äpfelweibs, hinein. Äpfel und Kuchen, die diese Marktfrau in einem Korb aufbewahrt, werden dadurch unbrauchbar oder fliegen durch die Gegend, sodass einige Marktjungen sich daran bedienen. Die alte Marktfrau und ihre Kolleginnen sind erbost und beschimpfen Anselmus. Dieser fühlt sich so unter Druck gesetzt, dass er der Marktfrau seinen Geldbeutel mit dem gesamten Inhalt als Entschädigung übergibt. Doch trotz dieses finanziellen Ausgleichs beschimpft und verflucht die alte Marktfrau den Studenten. Sie bezeichnet ihn als „Satanskind" (S. 5, Z. 16) und droht ihm mit der zunächst unverständlichen Verfluchung „ins Kristall bald dein Fall" (S. 5, Z. 16). Hier liegt eine Vorausdeutung auf spätere Ereignisse vor. Zu einem späteren Zeitpunkt wird sich Anselmus in eine Kristallflasche eingesperrt finden, nachdem er aus Unachtsamkeit einen Fehler bei seiner Arbeit gemacht hat.

Nach der Verwünschung durch die alte Marktfrau möchte Anselmus den Ort des Geschehens möglichst schnell verlassen. Die Umstehenden bemitleiden ihn nun, der Fluch der alten Marktfrau führt dazu, dass sich die Beobachter eher mit Anselmus solidarisieren und ihn bemitleiden, zumal seine ganze Erscheinung – Frisur, Kleidung – unvorteilhaft wirkt. Der Fluch der alten Marktfrau deutet bereits an, dass in der Handlung des Textes auch übernatürliche Vorgänge eine Rolle spielen könnten.

Anselmus begibt sich eilig zu seinem Ziel, dem Gartenlokal, das er von Anfang an besuchen wollte. Die Stimmung dort ist ausgelassen, doch Anselmus beklagt sein Schicksal, dass er kein Geld mehr hat und er seine Wünsche in dem Lokal nicht wird erfüllen können. Er ärgert sich über das Unglück mit dem Apfelkorb und den Verlust seines Geldes und führt sich vor Augen, was er mit dem Geld alles hätte machen können, zumal er mit Vergnügen mehr Geld ausgegeben hätte, als er sich eigentlich hätte leisten können.

Marginalien:
Vorausdeutung

Fluch des Äpfelweibs

Anselmus klagt über sein Schicksal

Da er all dies nicht in die Tat umsetzen kann, begibt sich Anselmus auf einen einsamen Weg an der Elbe, bis er sich schließlich unter einem Holunderbaum niederlässt. In einem ausführlichen Selbstgespräch beklagt er sein Schicksal und seine eigene Ungeschicklichkeit. Diese Passage unterstreicht, dass er in seiner eigenen Wahrnehmung ein Tollpatsch und ein Pechvogel ist, was durch die Episode mit dem Apfelkorb noch einmal unterstrichen wird. Die Ursache für seine Missgeschicke sieht Anselmus in seiner eigenen Ungeschicklichkeit, er erwähnt aber auch den „Teufel" (S. 8, Z. 6) und den „Satan" (S. 8, Z. 12), womit das Wirken übernatürlicher (böser) Kräfte angesprochen sein könnte.

Vision im Holunderbusch: Begegnung mit Serpentina

In seinem Selbstgespräch wird Anselmus durch Geräusche, die im Gras neben ihm beginnen und sich im Holunderbaum fortsetzen, unterbrochen. Der Student sucht erst nach einer rationalen Erklärung und sieht die Ursache für die Geräusche zunächst im Wind, der durch die Zweige geht. Doch dann hört Anselmus sogar Stimmen, die „zu flüstern und zu lispeln" (S. 9, Z. 30 f.) beginnen, verbunden mit Geräuschen, die von „Kristallglöckchen" (S. 9, Z. 32) zu kommen scheinen, womit das Motiv des Kristalls erneut aufgegriffen wird. Da die Geräusche angenehm sind, ist das Motiv hier aber mit positiven Vorstellungen verbunden. Die Stimmen unterhalten sich zunehmend deutlich vernehmbar, doch Anselmus sucht weiterhin nach einer verstandesmäßigen Erklärung, die er im „Abendwind" (S. 10, Z. 12) findet. Doch schließlich sieht er im Holunderbaum drei kleine, grüngoldene Schlangen, die miteinander sprechen. Eine der Schlangen blickt zu ihm hinab, er ist fasziniert von ihren Augen. Der Leser und Anselmus werden später erfahren, dass ihr Name Serpentina ist. Er ist bis ins Innerste berührt von dieser Begegnung, er glaubt, die Gefühle, die er für diese kleine, grüngoldene Schlange habe, noch nie vorher gehabt zu haben. Sogar

Motiv des Kristalls

der Holunderbaum scheint zu Anselmus zu sprechen. Dieser ist von seinen Gefühlen überwältigt und kann sich von den Augen seines Gegenübers nicht losreißen. Erst als die Sonne endgültig untergeht, werden die drei Schlangen von einer ungewöhnlichen Stimme gerufen und verschwinden schließlich in der Elbe.

Die Darstellung in der Holunderbaumszene ist steigernd angelegt. Es beginnt mit leisen Geräuschen, die Anselmus hört, dann treten visuelle Wahrnehmungen hinzu. Die Entwicklung wird wiederholt von den Zweifeln des Studenten unterbrochen, der die Vorgänge mit seinem Verstand erklären möchte. Die Wahrnehmungen und Empfindungen von Anselmus werden jedoch immer intensiver, er erlebt nie gekannte Gefühle der Sehnsucht und Liebe. Die Darstellung wird durch ihre Bildhaftigkeit, vor allem durch die Vergleiche und die Metaphern, die zum Teil verrätselt sind (z. B. S. 10, Z. 36 f.), für den Leser anschaulich und eindrucksvoll. Ein weiteres sprachliches Mittel, das der Erzähler hier und an anderen Stellen im Märchen einsetzt, ist das der Synästhesie, der Verbindung von zwei eigentlich getrennten Wahrnehmungsbereichen. Der Erzähler beschreibt, wie die „Blumen und Blüten dufteten" (S. 11, Z. 10), bezieht sich also auf den Geruchssinn, den er anschließend mit dem Gehör verbindet, da der „Duft war wie herrlicher Gesang von tausend Flötenstimmen" (S. 11, Z. 10 f.). Dies macht die besondere Intensität von Anselmus' Erlebnis deutlich. Es endet jedoch abrupt, als eine „raue tiefe Stimme" (S. 11, Z. 16) die Schlangen zu sich ruft.

Die geschilderte Situation ist zum einen wichtig für die Charakterisierung von Anselmus, der einerseits den Verhaltensmustern der bürgerlichen Welt, der er entstammt, folgt und nach rationalen Erklärungen sucht. Andererseits ist er offen für das Wunderbare, Unerklärliche, und er sehnt sich nach tiefen Gefühlen, die er möglicherweise in seinem Alltag vermisst.

Steigernd angelegte Darstellung der Szene

Synästhesie

Zweiteilung der Welt

Zudem bricht hier deutlich das Übernatürliche in die alltägliche bürgerliche Welt ein, womit ein Kernmotiv des Textes angelegt wird. Allerdings weiß der Leser hier wie auch später nicht genau, ob das, was Anselmus erlebt, wirklich geschieht oder ob er es träumt bzw. sich einbildet. Der Gegensatz von Traum bzw. Einbildung und Realität wird nicht endgültig aufgelöst.

Exposition des Märchens

Die erste Vigilie kann als Exposition (Einführung) des Märchens verstanden werden, da die Hauptfigur, die Grundstimmung, die Ausgangssituation, die zentralen Motive, Themen und Konflikte sowie Zeit und Ort der Handlung vorgestellt werden.

Die erste Vigilie als Exposition (Einführung) des Märchens

Hauptfigur:	Anselmus (Student)
Grundstimmung:	melancholisch, wunderbar, rätselhaft
Ausgangssituation:	Anselmus' Ungeschicklichkeit und Verunsicherung, Begegnung mit dem Äpfelweib und Serpentina
Zentrale Motive:	Augen und Blicke + Kristall
Zentrale Themen und Konflikte:	märchenhafte Welt – alltägliche/reale Welt, Fantasie/Einbildung/Traum – Verstand/Vernunft
Zeit und Ort:	Himmelfahrtstag, Dresden

Zweite Vigilie (S. 11–20)

Unverständnis der Bürger für Anselmus

Anselmus steht noch so unter dem Eindruck dessen, was er gesehen hat oder gesehen zu haben glaubt, dass er den Stamm des Holunderbusches umklammert und in den Busch hineinspricht. Dies sieht eine „ehrbare" (S. 12, Z. 1) Bürgerfamilie, die vom Verhalten des Studenten überrascht und irritiert ist. Die Familie und ihr Verhalten bilden einen Gegensatz zu Anselmus, der die Kontrolle verloren hat und dessen Verhalten als unangebracht wahrgenommen wird. Sein Benehmen widerspricht den Vorstellungen der

„ehrbare[n]" Bürger. Diese suchen nach einer rationalen, verstandesmäßigen Erklärung für Anselmus' Betragen. Diese kann für sie nur darin liegen, dass er entweder geistig verwirrt oder stark betrunken ist. Anselmus wird dadurch, dass die Hinzukommenden ihn ansprechen, aus seinen Visionen gerissen. Es ist ihm sehr peinlich, so gesehen zu werden, zumal mehr Menschen dort erscheinen, insbesondere junge Frauen, die sich über ihn amüsieren. Gerade die positive Aufmerksamkeit solcher jungen Frauen hatte er ja gewinnen wollen. Er versucht, sich der peinlichen Situation durch Flucht zu entziehen, wird aber von einem Mann aufgehalten, der Anselmus gönnerhaft zugesteht, dass man am Himmelfahrtstag betrunken sein könne, und sich, ohne zu fragen, am Tabak des Studenten bedient. Diese Szene kann als Kritik am Bürgertum gedeutet werden. Abweichendes Verhalten wird als unangemessen getadelt, gleichzeitig bedient sich der Bürgersmann ohne Skrupel an Anselmus' Eigentum, was deutlich macht, dass die eigenen Ansprüche nicht konsequent umgesetzt werden.

Kritik am Bürgertum

Die Rettung für Anselmus aus dieser Situation ist, dass der Konrektor Paulmann, mit dem er befreundet ist, ihn entdeckt, zu sich ruft und einlädt, an einer Bootsfahrt über die Elbe teilzunehmen und ihn anschließend in die Wohnung der Familie Paulmann zu begleiten. Paulmann und seine zwei Töchter – eine von ihnen ist die sechzehnjährige Veronika Paulmann – sowie der Registrator Heerbrand sind gerade im Begriff, zu einer solchen Bootsfahrt aufzubrechen. Anselmus nimmt die Einladung an, doch als die Gesellschaft sich auf der Elbe befindet, gerät er wieder durcheinander. In einiger Entfernung wird ein Feuerwerk abgebrannt und die Strahlen und Funken spiegeln sich in der Wasseroberfläche.

Bootsfahrt mit Familie Paulmann

Anselmus glaubt, diese Spiegelung seien die kleinen Schlangen aus dem Holunderbusch, die er jetzt wiedersehe. Er vertieft sich so in diese Vision, dass er sogar glaubt,

Erneute Vision

die Schlangen würden wieder zu ihm sprechen. Der Mann, der das Boot lenkt, kann ihn gerade noch davon abhalten, sich ins Wasser zu stürzen. Anselmus sieht auf der einen Seite die rationale Erklärung für seine Wahrnehmung, dass er nur den Widerschein des Lichtes im Wasser gesehen hat, gleichzeitig spürt er aber auch die Sehnsucht nach den kleinen Schlangen und nach dem, was sie für ihn bedeuten. Sie symbolisieren für ihn tief empfundene Gefühle und unerfüllte Sehnsüchte. An dieser Stelle wird erneut ein zentrales Thema des Textes deutlich, nämlich der Gegensatz von rationaler Welterklärung auf der einen und dem Wunsch nach tiefen Gefühlen und wunderbar-fantastischen Dingen auf der anderen Seite. In Anselmus sind beide Seiten vorhanden, der Konrektor Paulmann und der Registrator Heerbrand dagegen vertreten klar die nur am Verstand orientierte Position. Sie halten Anselmus' Visionen für einen Wachtraum, dessen rational zu erklärende Ursachen sie diskutieren.

Zentrales Thema des Märchens

Philisterkritik

Paulmann und Heerbrand vertreten hier den Typ des Bürgers, den die Autoren der Epoche der Romantik als „Philister" bezeichneten. Für sie war ein Philister ein Mensch, „der das Wunderbare, Geheimnisvolle, heruntererklärt und auf Normalmaß zu bringen versucht. [...] Es handelt sich also um Leute, die das Staunen und die Bewunderung verbieten"[1]. Genau dieser Beschreibung entspricht das Verhalten der beiden Männer. Die Romantiker kritisierten dieses „Philistertum", der Erzähler des Märchens „Der goldne Topf" macht sich durch eine immer wieder ironisch gefärbte und übertriebene Beschreibung des Verhaltens von Paulmann und Heerbrand z.T. über diese lustig (vgl. z.B. S. 14, Z. 30f.).

---

[1] Rüdiger Safranski: Romantik. Eine deutsche Affäre. München: Carl Hanser Verlag 2007, S. 199.

Veronika Paulmann stellt sich in dieser Situation auf die Seite von Anselmus und verteidigt ihn gegen Kritik an seinem Verhalten. Er nimmt dabei zum ersten Mal Veronikas „schöne dunkelblaue Augen" (S. 16, Z. 13) wahr, die er jedoch gleich mit den Augen aus dem Holunderbusch vergleicht. Das Motiv der Augen wird hier noch einmal hervorgehoben. Sie spielen für die Wahrnehmung eines anderen Menschen und für die Gestaltung der Beziehung eine besondere Rolle.

Motiv der Augen

Die Begegnung mit Veronika und ihr Eintreten für Anselmus führen bei diesem zu einer Besserung seiner Situation. Er vergisst die Vision aus dem Holunderbaum fast ganz. Sein Schicksal scheint sich zu wenden, ihm gelingen Dinge, die ihm früher missglückt wären. So nimmt Veronika den ihr von Anselmus angebotenen Arm an, und er darf sie nach Hause begleiten. Allerdings gibt der Erzähler auch hier die Handlung mit ironischer Distanz wieder. Anselmus' großes Glück sei es gewesen, dass er auf dem Weg zu Paulmanns „nur ein einziges Mal ausglitt" (S. 16, Z. 22 f.) und dabei Veronikas Kleid nur leicht beschmutzt habe. Die ihm eigene Ungeschicklichkeit hat Anselmus also keineswegs ganz abgelegt.

Positiver Einfluss von Veronika

Nach dem gemeinsamen Essen bei Familie Paulmann wird in deren Hause musiziert. Anselmus begleitet Veronika auf dem Klavier. Er ist damit wieder ganz in die bürgerliche Welt aufgenommen. Daraus ergibt sich auch, dass Paulmann und Heerbrand ihm eine gut bezahlte Beschäftigung verschaffen wollen. Der Archivarius Lindhorst suche jemanden, der gut schreiben und zeichnen könne, um verschiedene wertvolle Manuskripte abschreiben bzw. abzeichnen zu lassen. Diese Schriften seien in bekannten und unbekannten Sprachen verfasst und enthielten mitunter unbekannte, geheimnisvolle Zeichen. Er biete feste Arbeitszeiten und gute Bezahlung.

Hausmusik bei Paulmanns – Arbeitsangebot

Warnung vor dem
Zorn Lindhorsts –
Vorausdeutung

Allerdings wird Anselmus gleich schon gewarnt. Er dürfe keine Tintenflecken auf die Manuskripte oder seine Kopien machen. Der Archivarius sei ein zorniger Mensch und könne Anselmus Schaden zufügen, wenn er sich über solche Nachlässigkeiten ärgere. Mit den Schreibern, die er bisher für das Abschreiben eingesetzt habe, sei er unzufrieden gewesen. Hier liegt eine weitere Vorausdeutung vor. Anselmus wird später für einen Fehler bei seiner Arbeit bestraft, er trifft dann auf andere junge Männer, die wie er in eine Kristallflasche eingesperrt sind.

Anselmus' Weg
zu Lindhorst

Anselmus nimmt den Auftrag gerne an und begibt sich am folgenden Morgen auf den Weg zu Lindhorst. Der Student

Das Äpfelweib

ist voller Vorfreude, vor allem auf die zu erwartende Bezahlung. Seine Pechsträhne scheint vorüber zu sein, ihm passiert kein Missgeschick auf dem Weg. Unterwegs kehrt er erst noch einmal ein und trinkt „eins – zwei Gläschen des besten Magenlikörs" (S. 19, Z. 26f.). Auch hier lässt der Erzähler den Leser wieder im Unklaren darüber, ob die folgenden Ereignisse von Anselmus' Alkoholkonsum ausgelöst werden und sich nur in seinem Kopf abspielen oder ob sie wirklich passieren.

Verwandlung des
Türklopfers:
Zusammenbruch
von Anselmus

Am Haus des Archivarius angekommen, will Anselmus den Türklopfer betätigen. Doch vor seinen Augen verwandelt sich dieser in das Äpfelweib, das ihn zu Beginn der Handlung am Schwarzen Tor verflucht und ihm sein Geld genommen hat. Er wird von starker Angst ergriffen und zeigt Panikreaktionen, die sich so äußern, dass er „im krampfhaften Fieberfrost durch alle Glieder bebte" (S. 20, Z. 13). Es kommt jedoch noch schlimmer für ihn. Anselmus greift die

Klingelschnur, doch diese verwandelt sich vor seinen Augen in eine riesige Würgeschlange – zumindest nimmt er die Situation so wahr. Er bricht schließlich zusammen und wird ohnmächtig. Was wahr ist und was Einbildung, erfährt der Leser nicht. Als Anselmus wieder zu sich kommt, liegt er auf einem Bett und der Konrektor Paulmann, der sich offensichtlich Sorgen macht, kümmert sich um ihn.

Deutlich wird hier erneut die Verunsicherung des Lesers, die sich daraus ergibt, wie der Erzähler die Ereignisse darstellt. Die übersinnlichen Vorgänge können so gedeutet werden, dass sie auf der Ebene der Handlung wirklich geschehen, aber auch so, dass Anselmus sie sich nur einbildet, worauf Begriffe aus dem Wortfeld Krankheit, z. B. „Fieberfrost" (S. 20, Z. 13), hindeuten. Dass seine Wahnvorstellung, er werde von der Schlange getötet, nur Einbildung ist, ergibt sich daraus, dass Anselmus am Ende der Vigilie lebend und äußerlich unverletzt aus seiner Ohnmacht erwacht. Die Darstellung der Angstfantasien des Studenten wird mitunter, auch bezogen auf die gesamte Erzählung, so gedeutet, dass der Text eine psychische Erkrankung der Hauptfigur darstellen soll. Dies ist allerdings nur ein Deutungsansatz von mehreren.[1]

Verunsicherung des Lesers

Dritte Vigilie (S. 20 – 26)

Der Schauplatz der dritten Vigilie ist ein Kaffeehaus, in dem es zu einem Zusammentreffen von Anselmus und dem Archivarius Lindhorst kommt, das Paulmann und Heerbrand arrangiert haben. Beide nehmen auch an dem Treffen im Kaffeehaus teil.

Treffen im Kaffeehaus

Die Hintergründe erfährt der Leser im Laufe dieses Abschnitts. Der Konrektor Paulmann hat Anselmus ohnmächtig vor dem Haus des Archivarius vorgefunden, an dem er zufällig vorbeigekommen ist. Eine alte Frau, die einen

---

[1] Siehe Kapitel „Hintergründe", S. 89.

Kuchen- und Äpfelkorb bei sich trägt, kümmert sich in dem Moment um den besinnungslosen Studenten, der später davon überzeugt sein wird, dass dies nur das Äpfelweib gewesen sein könne, das er bereits zu Anfang am Schwarzen Tor getroffen hat. Paulmann lässt Anselmus nach Hause bringen und kümmert sich dort um ihn. Anselmus befindet sich jedoch in einem zutiefst depressiven Zustand, selbst Veronika bzw. der Blick in ihre Augen kann ihn daraus nicht befreien oder ihn auf andere Gedanken bringen. Es wird hervorgehoben, dass Veronika dem Studenten sehr zugetan ist. Paulmann und Heerbrand, die mit ihren „vernünftigen Vorstellungen" (S. 25, Z. 5) bei Anselmus nichts erreichen können, beschließen daher, dass es für ihn nur gut sein könne, wenn er die Aufgabe beim Archivarius Lindhorst übernehme.

Unterschiede zwischen den Figuren
Diese kurze Kennzeichnung der Figuren hebt noch einmal die Unterschiede zwischen ihnen hervor. Paulmann und Heerbrand sind Verstandesmenschen, die auf Anselmus mit den ihnen zur Verfügung stehenden Mitteln einzuwirken versuchen. Ein wirkliches Verständnis können sie für ihn, der an das Märchenhaft-Fantastische glaubt und seinen Gefühlen unterworfen ist, nicht aufbringen. Sie halten ihn für „seelenkrank" (S. 25, Z. 9) und versuchen daher, ihm durch die Beschäftigung beim Archivarius Ablenkung zu verschaffen.

Lindhorsts Erzählung von Phosphorus und der Feuerlilie
Der Archivarius erscheint bereits bei seinem ersten Auftreten in der Handlung des Märchens als seltsamer und rätselhafter Mensch. Die Vigilie beginnt damit, dass Lindhorst die märchenhafte Liebesgeschichte von der Feuerlilie und Phosphorus, einem jungen Mann, erzählt. In einem einsamen Tal sei eine wunderschöne Feuerlilie gewachsen, die sich unsterblich in den Jüngling Phosphorus verliebt habe. Dieser sei der Feuerlilie ebenfalls in inniger Liebe zugetan gewesen. Durch seinen Kuss sei die Lilie allerdings in Flammen aufgegangen und habe alles um sich herum, auch

Phosphorus, vergessen. Dieser musste im Anschluss mit einem Drachen kämpfen, den er schließlich besiegen konnte. Dadurch sei die Lilie befreit worden und Phosphorus sei „voll glühenden Verlangens himmlischer Liebe" (S. 22, Z. 28) gewesen. Diese Formulierung hebt die Intensität der empfundenen Gefühle hervor und stellt eine Parallele zu Anselmus her, der ähnliche Gefühle für Serpentina hegt.

Die Zuhörer Paulmann und Heerbrand halten die Geschichte, die Lindhorst zum Besten gibt, für erlogen. Heerbrand wertet sie sogar durch die Kennzeichnung als „orientalischer Schwulst" (S. 22, Z. 31) ab. Beide Männer erscheinen hier wieder als typische Vertreter des Philistertums, welches kritisiert werden soll, da es sich nicht auf die (scheinbar) fantastische Geschichte einlässt, sondern lediglich „etwas Wahrhaftiges" (S. 23, Z. 1) hören will.

Lindhorst dagegen besteht darauf, dass seine Geschichte wahr sei, und führt sie fort. So berichtet er vom Tod seines Vaters vor 385 Jahren, der ihm einen wertvollen Edelstein hinterlassen habe. Auf diesen habe auch sein Bruder Anspruch erhoben und es sei zum Streit zwischen den Brüdern gekommen. Diesen habe Lindhorst für sich entschieden und sein Bruder habe sich unter die Drachen zurückgezogen. Er bewache nun einen wertvollen Edelstein in einem Wald bei Tunis in Nordafrika. Nur selten besuche er für kurze Zeit seinen Bruder und erzähle ihm die neuesten Geschichten.

Lindhorsts Familiengeschichte

Die Zuhörer Paulmann und Heerbrand beantworten die Erzählung Lindhorsts mit lautem Lachen, sie nehmen den Archivarius nicht ernst und glauben ihm nicht, obwohl er darauf besteht, dass seine Erzählungen wahr seien. Lediglich Anselmus reagiert anders als die anderen. Er ist verunsichert und kann Lindhorst nicht in die „starren, ernsten Augen" (S. 24, Z. 12 f.) sehen. Das Motiv der Augen wird hier erneut aufgenommen, es taucht in der Regel in

Anselmus' erster Eindruck von Lindhorst: Bedeutung der Augen

Verbindung mit Anselmus auf. Es verdeutlicht, dass er die Figur ist, die am intensivsten Blickkontakt mit anderen aufnimmt. Dies ist insofern von Bedeutung, als die Augen schon in der Antike als Spiegel der Seele galten. Wer also einem Menschen genau in die Augen sah, konnte nach dieser Auffassung dort dessen wahren Charakter erkennen. Anselmus ist hierfür sensibler als andere, so erkennt er auch bei der ersten Begegnung mit Lindhorst, dass ihm besonderer Respekt gebührt.

Verunsicherung
bei Anselmus

Auch die Stimme des Archivarius fällt ihm auf, da sie ihm sehr ungewöhnlich vorkommt. Die Verunsicherung bei Anselmus scheint zunächst eine Kontaktaufnahme mit dem Archivarius, welche Paulmann und Heerbrand im Sinn haben, unmöglich zu machen. Die Gelegenheit ergibt sich erst, als Lindhorst das Lokal verlassen will. Heerbrand spricht ihn an und bietet ihm Anselmus' Dienste beim Abschreiben von Texten an. Der Archivarius reagiert einerseits positiv darauf, verabschiedet sich andererseits sehr schnell und schroff von den Anwesenden. Dies verunsichert Anselmus zunächst noch mehr, doch schließlich beschließt er, gleich am nächsten Tag erneut bei Lindhorst vorstellig zu werden.

Vierte Vigilie (S. 26–33)

Leseranrede:
Verständnis für
Anselmus wecken

Zu Beginn der vierten Vigilie wendet sich der Erzähler direkt an den Leser. Er versucht, auf diese Weise bei ihm Verständnis für die Situation und die Gefühle von Anselmus zu wecken, indem er ihn an ähnliche eigene Erfahrungen erinnert. Der Erzähler verleiht außerdem seiner Sorge Ausdruck, dass der Leser ihm die ganze Geschichte nicht glauben könne, insbesondere da er noch viele weitere wunderbar-fantastische Ereignisse zu berichten habe. Selbst die Figuren Paulmann und Heerbrand könnten dem Leser unglaubwürdig erscheinen, obwohl sie doch, so behauptet es der Erzähler, reale Personen seien, die in Dresden leben würden.

Bemerkenswert ist es, dass sich der Erzähler direkt an den Leser wendet und diesen in seine Überlegungen einbezieht. Eine Erzählerfigur tritt damit deutlich in Erscheinung. Der Erzähler thematisiert außerdem die Schwierigkeiten des Erzählvorgangs, vor allem die Darstellung glaubwürdiger Figuren, und die Angst davor, dass der Leser das Erzählte nicht glauben könne. Dadurch ruft der Erzähler aber erst recht Zweifel am Erzählten hervor und verunsichert (absichtlich?) den Leser. Außerdem formuliert der Erzähler eine Erklärung für die Einteilung des Werkes in Vigilien, da er angibt, dass er den Text während seiner „Nachtwachen" (S. 27, Z. 16 ff.) schreibe, womit er den Entstehungsprozess seiner Erzählung ausdrücklich anspricht.

Sorge um Glaubwürdigkeit

Nach dem Ende der an den Leser gerichteten Ausführungen kehrt der Erzähler zur Geschichte von und um Anselmus zurück. Dessen innere Verfassung ist nach der ersten Begegnung mit Lindhorst schlecht und von starker Melancholie gekennzeichnet. Er lebt in seinen Träumen und Gedanken, die von einer starken Sehnsucht und einem „wonnevollen Schmerz" (S. 28, Z. 7) gekennzeichnet sind. Mit der rhetorischen Figur des Oxymorons in dieser Formulierung, der Kombination von zwei gegensätzlichen, sich eigentlich ausschließenden Begriffen, verdeutlicht der Erzähler, dass Anselmus einerseits unter der Erinnerung an Serpentina leidet, da er sich nach ihr sehnt, gleichzeitig dieses Leiden aber auch genießt, da er intensive Gefühle erlebt.

Anselmus' Melancholie

Anselmus bevorzugt in dieser Zeit das Alleinsein und unternimmt ausgedehnte Spaziergänge in die Natur. Bei einem dieser Spaziergänge kommt er an dem Holunderbusch vorbei, in dem er die Vision von Serpentina und ihren Schwestern gehabt hat. Die Erinnerung daran steht ihm immer

Rückkehr zum Holunderbusch

noch so deutlich vor Augen, dass er den Busch umfasst und in ihn hineinruft, in der Hoffnung, Serpentina wiederzusehen. Doch er erhält keine Antwort, nur die Zweige und Blätter des Busches bewegen sich im Wind. Für Anselmus ist dies trotzdem ein Moment der Offenbarung, da er glaubt, sich seiner Gefühle für Serpentina jetzt ganz sicher zu sein und sie „mit voller Seele bis zum Tode" (S. 29, Z. 2) lieben zu können.

Erneute
Begegnung mit
Lindhorst

Folglich begibt er sich fortan regelmäßig, nämlich jeden Abend, zu dem Holunderbusch und ruft in den Busch hinein, in der Hoffnung, dass sich Serpentina zeigen werde. An einem dieser Abende wird Anselmus jedoch von Lindhorst, der plötzlich in seiner Nähe auftaucht, erschreckt. Anselmus erkennt ihn zunächst nicht, ist aber eingeschüchtert vom Auftreten des Archivarius, der als eindrucksvolle Gestalt mit einer „gewaltigen Stimme" (S. 29, Z. 18) beschrieben wird. Eine besondere Wirkung auf Anselmus haben erneut Lindhorsts Augen, die als „groß" und „feurig" (S. 29, Z. 15) bezeichnet werden. Der junge Mann nimmt anhand der Augen wahr, dass sein Gegenüber mächtig und entschlossen ist.

Anselmus erkennt in Lindhorsts Stimme diejenige Stimme wieder, die am Himmelfahrtstag seine Begegnung mit Serpentina im Holunderbusch beendet hat. Der Archivarius möchte von Anselmus wissen, warum er noch nicht zum Kopieren der Manuskripte erschienen sei, wie es im Kaffeehaus verabredet worden ist. Anselmus berichtet ihm daraufhin von den Ereignissen des Himmelfahrtstages und von seinen Gefühlen für eine der drei kleinen Schlangen, die er im Holunderbusch gesehen habe. Er versucht, sich vor der möglichen Kritik Lindhorsts abzusichern, indem er betont, dass die geschilderten Dinge tatsächlich geschehen seien.

Lindhorsts
magischer Ring

Wider Erwarten stimmt ihm Lindhorst zu und klärt ihn darüber auf, dass die drei kleinen Schlangen seine Töchter seien. Er verrät Anselmus auch den Namen der jüngsten

Tochter, die Serpentina heiße, und lässt ihn in ein Bild schauen, das er mithilfe eines Edelsteins auf einem magischen Ring erzeugt hat, in dem Anselmus Serpentina und ihre Schwestern sieht und hört. Dies führt bei ihm zu „wahnsinnigem Entzücken" (S. 31, Z. 19), wobei in der Formulierung einerseits eine Beschreibung von Anselmus' intensiven Gefühlen gesehen werden kann, andererseits aber auch Zweifel daran, ob dieser in seinem Hochgefühl alles richtig wahrnimmt.

Lindhorst bietet ihm an, die vereinbarte Aufgabe nun endgültig zu übernehmen. Wenn er seine Arbeit gut mache, dürfe er die Töchter des Archivarius regelmäßig sehen. Auf dessen Frage, warum er bisher nicht wie vereinbart zu ihm gekommen sei, antwortet Anselmus mit der Geschichte von dem Äpfelweib, das einen negativen Einfluss auf ihn habe und ihn bei seinem ersten Besuch erschreckt habe. Dieser glaubt Anselmus die Geschichte nicht nur, sondern ergänzt sie durch die Information, dass das Äpfelweib schon lange seine Gegenspielerin sei, die ihm Schaden zufügen wolle. Er lädt den Studenten für den nächsten Tag zu sich ein und versorgt ihn mit einer Substanz, einem Likör, mit dem er nach eigener Aussage das Äpfelweib unschädlich machen könne.

Lindhorsts Angebot an Anselmus

Lindhorst verabschiedet sich daraufhin und verschwindet mit raschen Schritten in der Dämmerung. In der Wahrnehmung von Anselmus wirkt es so, als würde Lindhorst davonfliegen. Der Erzähler macht allerdings deutlich, dass dies Anselmus' Wahrnehmung und Deutung der Situation ist. Hierfür verwendet er Vergleiche, die die Sichtweise des Studenten anschaulich machen. Durch den Wind erscheint ihm Lindhorsts Kleidung „wie ein paar große Flügel" (S. 32, Z. 32), sodass es dem jungen Mann „vorkam, als breite ein großer Vogel seine Fittige aus zum raschen Fluge" (S. 32, Z. 34f.). Anselmus ist so verunsichert, dass er schließlich glaubt, dass ein Geier, den er am Himmel sieht

Scheinbare Verwandlung Lindhorsts

und hört, der Archivarius sei. Ihm erscheint dies als die einzig mögliche Erklärung dafür, dass Lindhorst so schnell verschwunden ist. Der Leser wird durch die Darstellung dieser Situation durch den Erzähler insofern verunsichert, als sowohl eine rationale Erklärung (Dämmerung, schlechte Sicht, Wind, wehende Kleidung, schnelles Gehtempo des Archivarius) als auch eine übernatürliche Erklärung (Zauberkräfte des Archivarius) möglich erscheinen. Damit ist auch hier wieder eines der zentralen Themen des Werks und seiner Entstehungszeit angesprochen, nämlich der Gegensatz zwischen Verstand und Vernunft auf der einen und dem Fantastisch-Wunderbaren, das sich einer rationalen Erklärung entzieht, auf der anderen Seite.

Zentrales Thema des Märchens

Lindhorsts plötzliches Verschwinden

mögliche rationale Erklärung ←→ Anselmus' Wahrnehmung

- wenig Licht, Dämmerung
- schlechte Sichtverhältnisse
- Geräusche des Windes übertönen anderes
- weite, wehende Kleidung
- Lindhorst geht sehr schnell, verschwindet aus Anselmus' Blickfeld

- Lindhorst scheint mehr zu schweben als zu gehen
- Kleidung wirkt wie Flügel, Lindhorst wie ein Vogel
- plötzliches Erscheinen eines Geiers, wo er Lindhorst vermutet
- glaubt an übernatürliche Fähigkeit Lindhorsts, sich zu verwandeln

Verunsicherung des Lesers, Erzähler lässt offen, was zutrifft

---

Anselmus' Liebe zu Serpentina

Anselmus zieht für sich selbst das Fazit, dass mit diesem Zusammentreffen mit Lindhorst die wunderbar-fantastische Welt, die ihm bisher nur in seinen Träumen begegnet sei, endgültig in sein reales alltägliches Leben eingetreten ist. Er betont seine Liebe zu Serpentina und hofft auf eine baldige Begegnung mit ihr.

Der Leser bleibt an dieser Stelle erneut verunsichert zurück. Aus der Perspektive von Anselmus wirken die übernatürlichen Vorgänge plausibel und glaubhaft, der Erzähler überlässt es jedoch dem Leser, ob er sich dieser Sichtweise anschließt oder nicht.

Verunsicherung des Lesers

Fünfte Vigilie (S. 33–42)

Die Handlung führt zunächst zurück in die bürgerliche Welt des Konrektors Paulmann und des Registrators Heerbrand. Ersterer ist enttäuscht von der Entwicklung von Anselmus, doch Heerbrand sieht für ihn gute Möglichkeiten, beruflich Karriere zu machen und es sogar zum Hofrat zu bringen. Diese Einschätzung sieht er dadurch bestätigt, dass der Archivarius Lindhorst, für den Anselmus jetzt tatsächlich arbeitet, sich lobend geäußert habe und über die entsprechenden Kontakte verfüge, um ihm beruflich zu helfen.

Heerbrands optimistische Prognose für Anselmus

Veronika Paulmann hört dieses Gespräch mit und träumt von einer Zukunft an der Seite von Anselmus, nachdem dieser Hofrat geworden ist. Sie sieht sich in einer Wohnung in bester Lage und in eleganter Kleidung, im Umgang mit Bediensteten und mit guten gesellschaftlichen Kontakten. Dies macht deutlich, dass Veronika für eine Beziehung mit Anselmus auch durchaus unromantische Motive hat und sich einen sozialen Aufstieg sowie materielle Verbesserungen wünscht. Aus ihrem Tagtraum, in dem sie gerade von Anselmus Schmuck erhält, wird sie durch einen kurzen Besuch von dem jungen Mann gerissen, der auf dem Weg zu Lindhorst ist. Er scheint verändert zu sein, ist nicht mehr ungeschickt und unsicher. Veronika fühlt sich in ihren Zukunftshoffnungen bestärkt und glaubt, dass ihre Gefühle erwidert würden. Doch ihre Zuversicht wird durch eine gespenstische Erscheinung zunichtegemacht, die ihr prophezeit, dass Anselmus nicht ihr Ehemann werde. Ihre Schwester, die sich ebenfalls im Raum befindet, nimmt die

Veronikas Traum – gemeinsame Zukunft mit Anselmus

Erscheinung nicht wahr, und als zwei Freundinnen das Zimmer betreten, glaubt Veronika, dass sie sich von einem Ofenaufsatz und den Geräuschen des Ofens habe täuschen lassen.

Wechselspiel Das Wechselspiel zwischen realer und fantastischer Welt wird an dieser Stelle erneut deutlich. Und auch hier bleibt für den Leser offen, ob sich die übernatürliche Erscheinung nur in Veronikas Fantasie abgespielt hat und ihre anschließend gegebene rationale Erklärung zutrifft oder ob die Ereignisse sich wirklich so zugetragen haben.

Empfehlung für eine Wahrsagerin Die Freundinnnen, die die Paulmanns besuchen, bemerken, dass Veronika verstört ist. In dem Gespräch, das sich entwickelt, berichtet Angelika, eine der Freundinnnen, wie sie Informationen über ihren Geliebten, einen verschollenen Offizier, erhalten habe. Eine alte Frau in der Stadt, Frau Rauerin, könne Dinge sehen und vorhersagen, die an anderen Orten oder in der Zukunft geschehen. An diese Frau solle Veronika sich wenden. Für ihre Vorhersagen benutze **Motiv des Spiegels** sie einen „hell polierten Metallspiegel" (S. 38, Z. 21) – das Motiv des Spiegels wird im Laufe der Handlung erneut auftauchen. In der siebten Vigilie wird berichtet, wie die Rauerin einen magischen Spiegel für Veronika herstellt, in den Anselmus später blickt (neunte Vigilie) und der ihn beeinflussen soll. Der magische Spiegel ist ein bekanntes Märchenmotiv, das z. B. aus dem Volksmärchen „Schneewittchen", hier in Form eines sprechenden Spiegels, bekannt ist.

Angelikas Geschichte löst in Veronika den Wunsch aus, die Rauerin aufzusuchen und über eine gemeinsame Zukunft mit Anselmus zu befragen. Die Wahrsagerin bietet feste Sprech- und Öffnungszeiten an, was so, wie der Erzähler es vermittelt, ironisch wirkt. Zugleich macht dies deutlich, dass es sich um „Ein Märchen aus der neuen Zeit" (Untertitel) handelt. Auch die übernatürlichen Mächte, die ein

Bestandteil eines Märchens sind, bevorzugen offensichtlich feste Arbeitszeiten.

Da es ein Mittwoch ist und die Rauerin somit geöffnet hat, begibt sich Veronika unter dem Vorwand, sie müsse die Freundin nach Hause begleiten, zu der Wahrsagerin. Diese lebt in einem kleinen Haus am Ende einer abgelegenen Straße. Veronika durchlebt widersprüchliche Gefühle, als sie vor der Haustür steht, einerseits ist sie neugierig und aufgeregt, andererseits widerstrebt es ihr, das Haus zu betreten. Schließlich klingelt sie aber und betritt das Haus, in dem eine unheimliche Atmosphäre herrscht.

Veronikas Besuch bei der Rauerin

Zunächst wird sie von einem schwarzen Kater begleitet, welcher sie zu seiner Herrin bringt, der Rauerin, die Veronika begrüßt und ihr durch ihr seltsames Aussehen Angst einflößt. Der Erzähler beschreibt die Rauerin mit vielen negativen Merkmalen und Attributen, häufig mit Metaphern, die eine Verbindung zum Tierreich herstellen und den Furcht einflößenden Eindruck der Frau unterstreichen, z. B. ihre „Habichtsnase" (S. 39, Z. 21) und ihre „leuchtende[n] Katzenaugen" (S. 39, Z. 22), womit wieder das Motiv der Augen aufgenommen wird. Insgesamt entspricht die Beschreibung der Rauerin dem aus dem Volksmärchen bekannten abstoßenden Bild der (bösen) Hexe; als solche bezeichnet sie der Erzähler schließlich selbst (vgl. S. 39, Z. 28). Veronikas Furcht steigert sich noch durch die Anwesenheit von einer ganzen Reihe von lebendigen und ausgestopften Tieren. Durch das Eingreifen der Rauerin, die Veronikas Angst bemerkt, verwandelt sich das Zimmer dann plötzlich in „eine gewöhnliche ärmlich ausstaffierte Stube" (S. 40, Z. 21 f.). Sie teilt der jungen Frau mit, dass sie von deren Plänen und Wünschen wisse, da sie sich in Gestalt einer Kaffeekanne im Hause Paulmann aufgehalten und alles mitgehört habe. Die Rauerin warnt Veronika eindringlich vor Anselmus, da dieser andere Pläne habe. Sie deutet

Unheimliche Atmosphäre

Motiv der Augen

Warnung vor Anselmus

dabei die Verbindung von Anselmus mit Lindhorst und dessen Tochter an. Veronika glaubt ihr jedoch nicht und will verärgert den Raum verlassen. Daraufhin ändert die Rauerin erneut ihr Verhalten, ihr Aussehen und ihre Rolle. Sie weint und jammert und bittet Veronika zu bleiben, da sie doch „die alte Liese" (S. 41, Z. 21) sei, die früher als Bedienstete im Hause Paulmann gearbeitet habe und die Veronika noch kennen müsse. Damit stellt sie eine neue Vertrauensbasis zu Veronika her. Ob sie wirklich die Person ist, die sie zu sein vorgibt, lässt der Erzähler offen.

Kontrahenten Rauerin – Lindhorst

Die Rauerin berichtet Veronika nun von ihrem Konflikt mit ihrem Feind, dem Archivarius Lindhorst, dem Anselmus ausgeliefert sei und der ihn mit seiner Tochter verheiraten wolle. Da Veronika ehrliche Gefühle für Anselmus habe, verspricht ihr die Rauerin, dass sie ihr helfen werde. Sie könne mithilfe eines Gegenzaubers Anselmus von dem Einfluss Lindhorsts befreien, dabei brauche sie aber die Hilfe

Erlösung des verzauberten Jünglings

Veronikas. Die beiden Frauen verabreden sich für die Nacht des 23. September, um den Zauber auszuführen. Veronika ist voller Zuversicht, dass sie Anselmus aus der Abhängigkeit von Lindhorst und Serpentina erlösen kann. Damit ist ein weiteres typisches Märchenmotiv angesprochen – die Erlösung des verzauberten Jünglings durch eine junge Frau. Doch auch hier wird es in veränderter Form benutzt, da Veronika Anselmus nicht allein aus selbstlosen Motiven erlösen will, sondern in ihrem letzten Gedanken in diesem Abschnitt auch an die soziale Stellung ihres, wie sie hofft, zukünftigen Ehemannes als Hofrat denkt. Für den Leser wird hier deutlich, dass soziales Ansehen und materieller Besitz für Veronika wichtige Wertvorstellungen sind.

Sechste Vigilie (S. 43–50)

Die Handlung der sechsten Vigilie liegt zeitlich vor der der fünften Vigilie, führt aber in einen anderen Bereich hinein. Der Schauplatz der sechsten Vigilie ist das Haus des

Archivarius Lindhorst, also ein Ort, der vorrangig der fantastisch-märchenhaften Welt zugeordnet werden kann. Die handelnden Figuren sind Anselmus, Lindhorst und Serpentina.

Anselmus bereitet sich zu Beginn auf einen zweiten Besuch bei Lindhorst vor, nachdem der erste Besuch, der am Ende der zweite Vigilie geschildert wird, mit Anselmus' Zusammenbruch vor der Tür von Lindhorsts Haus geendet hat. Dass er geglaubt hat, dass sich dort der Türklopfer in das Äpfelweib verwandelt habe, führt Anselmus nun selbst darauf zurück, dass er zu viel Alkohol getrunken habe. Daher beschließt er, vor diesem Besuch nüchtern zu bleiben. Er sucht also nach einer rationalen Erklärung für den Vorgang und zeigt damit, dass er einerseits der Welt verhaftet ist, die Paulmann und Heerbrand repräsentieren. Andererseits nimmt er den magischen Likör mit, den Lindhorst ihm gegeben hat, um sich gegen das Äpfelweib zu schützen. Dies zeigt Anselmus' Zerrissenheit zwischen den beiden Welten. Da der Registrator Heerbrand bei seinem Besuch bei dem Konrektor Paulmann, der zu Beginn der fünften Vigilie dargestellt wird, bereits von den erfolgreichen Besuchen Anselmus' bei Lindhorst und von dessen Lob weiß, wird deutlich, dass die Handlung der sechsten Vigilie vor der der fünften Vigilie stattgefunden hat.

> Vorbereitung auf den Besuch beim Archivarius

Der Grund für die Abweichung von der Chronologie könnte darin liegen, dass der Erzähler Spannung aufbauen möchte, da der Leser durch die Vorausdeutung Heerbrands zu Beginn der fünften Vigilie neugierig darauf geworden ist, wie es nach den gescheiterten ersten Versuchen zu einer erfolgreichen Arbeit von Anselmus bei Lindhorst gekommen ist. Hinzu kommt, dass die Beschreibung von Lindhorsts Haus als wunderbar-fantastischer Ort noch eindrucksvoller wirkt, wenn zuvor, wie in der fünften Vigilie geschehen, die Hexenstube der Rauerin als negatives Gegenbild beschrieben worden ist.

> Spannungssteigerung durch Abweichung von der Chronologie

Lindhorsts Haus: magischer Ort

Vor Lindhorsts Haus angekommen setzt Anselmus den magischen Likör ein und erlangt so ungehindert Zutritt zu dem Gebäude, wo er von Lindhorst freundlich begrüßt und herumgeführt wird. Das Haus hat viele Merkmale eines magischen Ortes. Es gibt wunderbare Pflanzen, sprechende Tiere, seltsame Geräusche, lange Gänge, zahlreiche Türen und unerklärliches helles Licht. Einer der Räume, eher ein Saal, ist ein großes Gewächshaus mit sonderbaren Blumen und Bäumen. Lindhorst selbst trägt einen Morgenmantel aus Damast, einem hochwertigen orientalischen Stoff, der Anselmus aufgrund seines Musters und seiner Farben wie ein Busch aus Feuerlilien erscheint, womit auf die Geschichte, die in der dritten Vigilie dargestellt worden ist, angespielt wird. Anselmus wird von Vögeln, die sich in dem Raum befinden und sprechen können, verspottet, bis Lindhorst dies unterbindet. In diesem Moment bemerkt der junge Mann, dass er sich nur eingebildet hat, dass Lindhorst verschwunden und der Busch aus Feuerlilien erschienen sei. Die Täuschung führt er auf die eindrucksvolle Gestaltung des Morgenmantels zurück.

Palmbaumzimmer

Anschließend betreten beide einen Raum, der von großen Palmbäumen geprägt wird, deren Zweige und Blätter quasi die Decke des Raumes bilden. In der Mitte befindet sich ein ganz besonderes Einrichtungsstück, nämlich eine Tischplatte aus einem wertvollen Gestein, aus Porphyr, die auf drei aus Bronze gegossenen ägyptischen Löwen ruht. Im antiken Ägypten wurde in römischer Zeit purpurfarbener Porphyr in Steinbrüchen abgebaut. Der Stein galt als wertvoll, und wegen seiner Purpurfarbe war er den römischen Kaisern vorbehalten bzw. wurde für prächtige Säulen in großen Gebäuden verwendet. Die Erwähnung von Porphyr kennzeichnet Lindhorst als außergewöhnlich mächtige Figur.

Der goldene Topf

Auf der Porphyrplatte befindet sich ein einfacher goldener Topf, womit der im Titel des Märchens genannte Gegenstand zum ersten Mal auftaucht. Anselmus ist fasziniert von dem Topf und sieht sich selbst und Serpentina in der polierten, spiegelnden, goldenen Oberfläche. Er ist voller Begeisterung und ruft laut nach der Geliebten, sodass Lindhorst ihn beruhigen muss. Er teilt Anselmus mit, dass seine Tochter in einem anderen Zimmer des Hauses gerade ihre Klavierstunde habe. Obwohl Lindhorst und seine Töchter eindeutig der märchenhaften Welt angehören, gehen sie doch auch ganz gewöhnlichen bürgerlichen Tätigkeiten nach und nehmen z. B. Musikunterricht – erneut wird deutlich, dass es sich um „Ein Märchen aus der neuen Zeit" handelt. Die Beschreibung des Lindhorst'schen Hauses steht im Gegensatz zu der Beschreibung der Hexenstube der Rauerin, die der Leser in der fünften Vigilie kennengelernt hat. Das Haus des Archivarius wirkt groß, prächtig, hell, eindrucksvoll und faszinierend. Es bildet damit ein positives Gegenbild zur Wohnung der Rauerin. In der märchenhaft-fantastischen Welt stehen sich Gut und Böse gegenüber.

Kontrast der Wohnungen bzw. Häuser

Gegensatz der Wohnungen der Rauerin und Lindhorsts

	Rauerin	Lindhorst
Lichtverhältnisse	dunkel, finster	helles Licht
Geräusche	unangenehme, unheimliche Tiergeräusche unheilvolle Klagelaute	angenehmer Glockenklang Vogelstimmen (necken Anselmus)
Tiere	schwarzer Kater Meerkatzen Meerschweinchen Rabe, Fledermäuse	bunte Vögel, grauer Papagei, der sprechen kann
Einrichtung	merkwürdige Geräte, ärmlich, gewöhnlich	viele prächtige Pflanzen ungewöhnliche, wertvolle Möbelstücke
	↓	↓
	Furcht einflößend	**beeindruckend, angenehm**

Wer zu welcher Seite gehört, wird hier auch über die Beschreibung der Wohnungen bzw. Häuser deutlich gemacht.

Anselmus' Arbeit
für Lindhorst
Schließlich bringt Lindhorst den Studenten in das Zimmer, das Anselmus als Arbeitszimmer für das Kopieren der Manuskripte dienen soll. Es handelt sich um eine Art Bibliothek mit einem Schreibtisch. Der Archivarius begutachtet die Arbeitsproben, die Anselmus mitgebracht hat, ist damit aber nicht zufrieden, obwohl der Student anfänglich stolz darauf ist. Lindhorst hält ihm aber zugute, dass er mit schlechtem Material habe arbeiten müssen, und stellt ihm besseres zur Verfügung. So beginnt er mit seiner Arbeit, die ihm zunehmend leichter gelingt, zumal er glaubt, dass Serpentina während der Arbeit leise zu ihm spreche.

Zufriedenheit
Lindhorsts
Nach Beendigung der Arbeit des ersten Tages zeigt sich Lindhorst zufrieden und sein Auftreten hat sich wiederum verändert. Seine Augen erscheinen Anselmus nun voller „Milde" (S. 49, Z. 26) zu sein, sein Morgenmantel wirkt auf ihn wie ein „Königsmantel" (S. 49, Z. 31), womit die besondere Stellung des Archivarius in der märchenhaften Welt angedeutet wird. Lindhorst teilt dem Studenten mit, dass Serpentina ihn liebe und dass er sie heiraten könne, wenn er verschiedene Aufgaben, Prüfungen und Kämpfe bestehen werde. Als Mitgift werde er dann den goldenen Topf erhalten, der Wunder vollbringen könne.

Veränderte
Wahrnehmung:
Verunsicherung
bei Anselmus
Anselmus verlässt das Haus Lindhorsts und sieht ihn beim Weggehen erneut verändert; jetzt ist er wieder „ganz der Alte im weißgrauen Rocke" (S. 50, Z. 18 f.), der ihn auffordert, am nächsten Tag wiederzukommen. Der junge Mann ist verunsichert, ob seine Eindrücke und Erlebnisse wahr oder doch nur „toller Wahn und Spuk" (S. 50, Z. 28) gewesen sind. Er ist sich aber sicher, dass er die Vorstellung von Serpentina, die er in seinem Inneren trägt, bewahren und verteidigen will.

Für den Spannungsaufbau sind die fünfte und sechste Vigilie wichtig, da der Leser nun weiß, dass die Rauerin und Lindhorst Gegner sind und dass Veronika und Serpentina um Anselmus konkurrieren. So muss es unweigerlich zum Konflikt zwischen den beteiligten Figuren und Mächten kommen.

Spannungs-aufbau: Vorbereitung der Auseinander-setzung

Siebte Vigilie (S. 51–57)

Die Handlung wechselt nun zurück zu Veronika und der Rauerin, die sich wie verabredet in der Nacht der Tag- und Nachtgleiche, dem 23. September, treffen. Veronika begibt sich heimlich, als der Rest der Familie schläft, zur Wohnung der Rauerin. Es ist stürmisch und zum Teil auch regnerisch. Veronika wird unterwegs vom Regen durchnässt, lässt sich aber davon nicht abhalten. Sie glaubt, dass sie Anselmus aus der Abhängigkeit einer anderen Macht durch den Zauber der Rauerin befreien müsse.

Heimliches Treffen Veronikas mit der Rauerin

Die alte Frau hat Veronika bereits erwartet und alles für den Zauber vorbereitet. Sie machen sich gemeinsam und in Begleitung des Katers auf den Weg zu der Stelle, die die Rauerin ausgewählt hat. Der Sturm nimmt zu und die Atmosphäre wird durch die Geräusche des Windes in der Dunkelheit noch unheimlicher. Der Kater versprüht Funken und sein Geschrei, das man nur hört, wenn der Sturm kurz nachlässt, verstärkt die gruselige Stimmung.

Stürmische Nacht – gruselige Stimmung

An dieser Stelle wird deutlich, weshalb Hoffmann auch der Schwarzen Romantik zugeordnet wird, die immer wieder Elemente des in England im 18. Jahrhundert entstandenen Schauerromans (Gothic novel) aufnahm. Im Märchen „Der goldne Topf" kommt dies nur in einzelnen Abschnitten zum Tragen, andere Werke Hoffmanns, z.B. „Das Majorat", folgen deutlicher diesem Vorbild, indem sie unheimlich-gruselige Szenen wie die vorliegende schildern.

Elemente der Schauerliteratur

Gestaltung der unheimlichen Atmosphäre mit sprachlichen Mitteln

Eine unheimlich-gruselige Atmosphäre schafft der Erzähler durch die Hyperbel „tausendstimmig heulte es in den Lüften" (S. 52, Z. 8f.), die hier mit einer Personifikation, die durch das Verb „heulen" ausgedrückt wird, verbunden ist. Außerdem verwendet er viele Adjektivattribute, die die unheimliche Stimmung verstärken. Ein „entsetzlicher herzzerschneidender Jammer" (S. 52, Z. 9f.), also ein Furcht einflößendes Geräusch, ist zu hören, während man praktisch nichts sehen kann, was die Formulierungen „aus den schwarzen Wolken" (S. 52, Z. 10) und „dicke Finsternis" (S. 52, Z. 11) deutlich machen. Hier verwendet der Erzähler ein typisches Element der Schauerliteratur – die Figuren können kaum etwas sehen und müssen sich auf ihr Gehör verlassen. In solch einer Situation erscheint dann jedes Geräusch unheimlich, erst recht, wenn stürmisches Wetter herrscht.

Vorbereitung des Zaubers

Am gewählten Ort angekommen bereitet die Rauerin ihren Zauber vor. Sie entzündet Kohlen in einem hierfür grabenen Loch, stellt einen Dreifuß[1] mit einem Kessel darüber und wirft unterschiedliche Zutaten hinein, auch Metalle und eine Haarlocke Veronikas. Alles wird erhitzt, geschmolzen und verrührt. Währenddessen umkreist der Kater den Ort dieser magischen Handlung, zieht so einen Zauberkreis um den Platz und stößt unheimliche Laute hervor. Veronika hat die Aufgabe, fest an Anselmus zu denken und in den Kessel zu starren.

Leseranrede: Einbeziehung des Lesers

An dieser Stelle unterbricht der Erzähler die Darstellung der Handlung und wendet sich erneut direkt an den Leser. Er bittet ihn, sich vorzustellen, dass er auf der Reise nach Dresden an dem Ort der gruseligen Ereignisse vorbeikomme und, angesichts der Vorkommnisse dort, Veronika in ihrer Todesangst zu Hilfe eile und sie rette. Doch weder er, der Leser, noch sonst irgendjemand sei in dieser Nacht

---

[1] dreifüßiges Gestell, auf das ein Gefäß aufgesetzt werden kann

dort vorbeigekommen und habe die junge Frau retten können.

Die Passage, in der der Erzähler dem Leser anschaulich vor Augen führt, was er hätte sehen können, wäre er dorthin gekommen, dient dazu, Veronikas Situation, ihre Angst und ihr Entsetzen für den Leser noch besser erlebbar zu machen, indem er sich in die Handlung hineinbegibt.

Da niemand Veronika zu Hilfe kommt, bleibt sie allein mit ihrer Todesangst und fürchtet, dass sie wahnsinnig werden könnte. Die Rauerin vollendet den Zauber und Veronika sieht das Bild Anselmus' auf dem Boden des Kessels. Daraufhin stellt die Hexe einen magischen Spiegel aus der geschmolzenen Masse, die sie in eine Form fließen lässt, her. Unerwartet und plötzlich greift eine andere Macht ein. Der Leser erfährt nicht genau, wer oder was es ist – der Erzähler berichtet von einem gewaltigen Brausen in der Luft, kann dies aber nur mithilfe des Vergleichs „als rausche ein ungeheurer Adler herab" (S. 55, Z. 29 f.) erklären. Die Rauerin scheint dieser Macht unterlegen zu sein, der Leser bleibt aber im Unklaren darüber, was genau passiert und wer sie bei ihrem Zauber stört. Für den Leser liegt zwar die Vermutung nahe, dass dies Lindhorst sein könnte, der Erzähler gibt hierauf aber keinen klaren Hinweis.

Herstellung eines magischen Spiegels

Diese Art der Darstellung dient der Verunsicherung des Lesers, wie Hoffmann sie oft in seinen Werken anstrebte. Der Leser bleibt nach dem Lesen dieser Passage irritiert zurück. Sprachlich gelingt dem Erzähler diese Verunsicherung z. B. durch die Verwendung von Vergleichen („es war, als"), die den Leser darüber im Unklaren lassen, ob hier nur die Wahrnehmung einer Figur oder tatsächliche Ereignisse beschrieben werden. Da der Erzähler zuvor anschaulich den in der besagten Nacht herrschenden Sturm beschrieben hat, könnte es sich ebenso gut um Sinnestäuschungen handeln.

Verunsicherung des Lesers

Veronika am Ziel ihrer Wünsche? Veronika wird ohnmächtig und wacht in ihrem eigenen Bett, an dem ihre Schwester steht, auf. Weder sie noch der Leser erfährt, wie sie dorthin gekommen ist. Sie hat Fieber und hält die Ereignisse der Nacht für einen bösen Traum. Als sie jedoch ihren durchnässten Mantel sieht und den magischen Spiegel, den die Rauerin hergestellt hat, findet, weiß sie, dass sie nicht geträumt hat. Mithilfe des Spiegels kann sie Anselmus beobachten, wie er bei Lindhorst arbeitet. Schließlich spricht er sogar durch den Spiegel zu ihr, auch wenn Veronika nicht alles begreifen kann, was er sagt. Sie glaubt sich fast am Ziel ihrer Wünsche.

Schwarze Romantik: Albträume und Ängste Der Fortgang der Handlung der siebten Vigilie macht ein weiteres Merkmal der Schwarzen Romantik deutlich, die sich mit der menschlichen Psyche und vor allem ihren dunklen Seiten, z. B. den menschlichen Albträumen und Ängsten, beschäftigte. Auch in dieser Hinsicht kann die in der siebten Vigilie dargestellte Handlung verstanden werden. Als Veronika zu Hause erwacht, wird ihr Empfinden von „Angst und Grausen" (S. 56, Z. 20 f.), kaum beherrschbaren psychischen Zuständen, bestimmt. Sie ist sich zunächst nicht sicher, ob die Ereignisse wirklich stattgefunden haben, der herbeigerufene Arzt ist ratlos und ihr in dieser Situation keine Hilfe.

Spannungssteigerung durch die siebte Vigilie Insgesamt wird in der siebten Vigilie deutlich, dass die kennzeichnenden Themen und Motive des Märchens auch hier aufgenommen und ausgestaltet werden, nämlich der Gegensatz von alltäglicher, bürgerlicher Welt auf der einen und märchenhaft-fantastischer Welt auf der anderen Seite. Zudem bleibt der Leser auch hier im Ungewissen, was er für wirklich und was für eingebildet halten soll. Mit Blick auf den Spannungsaufbau erfüllt die siebte Vigilie ebenfalls eine wichtige Funktion. Die Auseinandersetzung um Anselmus steigert sich, die Rauerin setzt ihre Zauberkräfte ein, um ihn für Veronika zu gewinnen, der Leser fragt sich, wie Anselmus und vor allem Lindhorst als Gegenspieler der Rauerin darauf reagieren werden.

Achte Vigilie (S. 57–66)

Die achte Vigilie führt zurück zu Anselmus und dem Archivarius Lindhorst. Der Student arbeitet inzwischen seit meh-

Arbeit im Palmbaumzimmer

Anselmus im Palmbaumzimmer,
Illustration von Karl Thylmann

reren Tagen in dessen Haus und fühlt sich dort sehr wohl, da er glaubt, während seiner Arbeit die Stimme Serpentinas zu hören. Die Abschreibarbeit fällt ihm sehr leicht, Lindhorst ist sehr zufrieden mit ihm. Er kündigt Anselmus an, dass dieser nun in einem anderen Raum arbeiten werde. So wird der Student erneut durch das Haus geführt, wo er wieder zahlreichen sonderbaren Tieren und Pflanzen begegnet. Lindhorst und er gelangen in das Zimmer, in dem zuvor der goldene Topf gestanden hat: das Palmbaumzimmer. Dort, wo sich vorher die Porphyrplatte und der goldene Topf befunden haben, steht jetzt ein Schreibtisch, der bereits als Arbeitsplatz für Anselmus vorbereitet ist. Aus den Stämmen der Palmbäume in diesem Raum ragen Blätter heraus, die eigentlich Pergamentrollen sind. Diese soll er kopieren, Lindhorst ermahnt ihn jedoch, besonders vorsichtig zu sein und keine Tintenflecke auf den Originalen zu hinterlassen. Dies würde bestraft werden und ihm großes Unglück bringen. Der Anblick der komplizierten Manuskripte verunsichert ihn, doch Lindhorst macht ihm Mut und verweist auf die Hilfe Serpentinas, bevor er an dem Stamm eines Palmbaums hochklettert und verschwindet.

Vertrauen in Anselmus

Nachdem in der vorangegangenen Vigilie die Versuche der Rauerin und Veronikas geschildert worden sind, Anselmus aus dem Einflussbereich Lindhorsts und Serpentinas zu lösen, wird hier deutlich, wie groß das Vertrauen ist, das der Archivarius in ihn setzt. Er erscheint in diesem Abschnitt erneut als sehr mächtig und sonderbar, Anselmus bezeichnet ihn als „Geisterfürst" (S. 60, Z. 5). Die Ankündigung möglicher Strafe wirkt vor diesem Hintergrund bedrohlich und kann als Vorausdeutung auf spätere Ereignisse gesehen werden, die in der neunten Vigilie dargestellt werden: Nachdem Anselmus beim Abschreiben einen Tintenfleck auf einem Originalmanuskript hinterlassen hat, wird er in eine Kristallflasche gesperrt.

Vorausdeutung

Begegnung von Anselmus und Serpentina – tiefe Gefühle

Der Student ist an seinem neuen Arbeitsplatz umgeben von Gerüchen, Geräuschen und Lichtverhältnissen, die ihn in seiner Tätigkeit beflügeln. Obwohl er die fremdartigen Zeichen auf dem Manuskript, das er kopieren soll, nicht versteht, scheint er im Inneren zu wissen, um was es geht – die „Vermählung des Salamanders mit der grünen Schlange" (S. 60, Z. 24 f.). Sein Glück wird dadurch vervollständigt, dass Serpentina zu ihm kommt, und zwar in Menschengestalt. Er erkennt ihre dunkelblauen Augen, die er in seinen Gedanken immer vor sich sieht. Sie hofft, dass sie zusammen sein können, wenn er seine Arbeit vollendet hat, beide drücken deutlich aus, wie wichtig ihnen die Beziehung ist. Anselmus fühlt sich ganz eins mit Serpentina und fürchtet, sie wieder zu verlieren. Sie zieht den Geliebten ins Vertrauen und erzählt ihm die Geschichte ihrer Familie, vor allem ihres Vaters. Dieser stamme aus dem Geschlecht der Salamander und habe eine grüne Schlange geliebt, aus dieser Beziehung sei sie, Serpentina, hervorgegangen.

Serpentina erzählt die Geschichte des Salamanders

Das „Wunderlande Atlantis" (S. 62, Z. 2)

Sie holt in ihrer Geschichte weit aus und beginnt damit, wie ihr Vater und ihre Mutter sich kennengelernt haben. Dies sei „in uralter Zeit" und in dem „Wunderlande Atlantis" (S. 62, Z. 2) gewesen. Damit erfüllt die Erzählung Ser-

pentinas eher die Ansprüche an ein Märchen als die Geschichte um Anselmus, welche ja „Ein Märchen aus der
neuen Zeit" ist und zu einer genau bestimmbaren Zeit an
einem konkret zu identifizierenden Ort spielt. Serpentinas
Erzählung dagegen trägt sich in einer unbestimmten fer-
nen Vergangenheit an einem irrealen Ort, dem „Wunderlande Atlantis", zu. Der Name Atlantis geht vermutlich auf
den griechischen Philosophen Platon (428/427 – 348/347
v. Chr.) zurück, der in einem seiner Werke ein mythisches
Inselreich dieses Namens beschrieb.

Serpentinas Geschichte lässt sich so zusammenfassen: In
Atlantis herrscht der Geisterfürst Phosphorus, in dessen
Garten eine wunderbare Lilie durch ihren Gesang auf sich
aufmerksam macht. Mit der Erwähnung des Phosphorus
und der Lilie knüpft diese Erzählung übrigens an die Geschichte an, die Lindhorst selbst im Kaffeehaus erzählt
(dritte Vigilie). Lindhorst, der Salamander, wird bei einem
Gang durch den Garten auf diese Lilie aufmerksam und
entdeckt in ihrem Blütenkelch die Tochter der Lilie, eine
grüne Schlange. In diese verliebt er sich sofort unsterblich
und raubt sie aus der Lilie. Sein Wunsch ist es, dass
Phosphorus sie unverzüglich miteinander verheiratet.
Doch der Geisterfürst lehnt den Wunsch des Salamanders
ab und warnt ihn eindringlich davor, die grüne Schlange
zu umarmen, da dies schlimme Folgen haben werde. Doch
der Salamander ist so voller Verlangen nach der grünen
Schlange, dass er sie fest umarmt, woraufhin sie zu Asche
zerfällt und ein anderes Wesen aus dieser Asche entsteht
und verschwindet. Der Salamander ist so verzweifelt, dass
er Feuer sprühend durch den Garten des Phosphorus läuft
und viele Pflanzen zerstört. Phosphorus verbannt ihn zur
Strafe auf die Erde, seine Fähigkeit, Flammen zu erzeugen,
wird ihm genommen. Stattdessen soll er die Beschwernisse
des menschlichen Lebens ertragen. Der Gärtner des Phosphorus erreicht allerdings eine Abmilderung der Strafe, die

Salamander
und die grüne
Schlange

dem Salamander die Hoffnung auf die Rückkehr seiner Feuerkraft lässt. Phosphorus legt fest, dass der Salamander die grüne Schlange wiedersehen und mit ihr drei Töchter haben wird, die die Schlangengestalt ihrer Mutter haben werden. In dieser Gestalt werden sie den Menschen in einem Holunderbusch erscheinen und auf einen Jüngling warten, der sich in eine der Schlangen verliebt und durch diese Liebe den Glauben an das Wunderbare in der Natur wiederfindet. Erst wenn der Salamander alle drei Töchter an einen solchen Jüngling verheiratet hat, darf er an Rückkehr denken. Der Gärtner macht den drei Töchtern jeweils einen goldenen Topf zum Geschenk, in dem im Moment der Heirat eine Feuerlilie wachsen soll, die durch ihren Duft den Bräutigam für das Märchenreich Atlantis einnimmt, wo er dann mit seiner Frau leben wird.

Triadisches Geschichtsmodell: Hoffnung auf „Goldenes Zeitalter"

Es wird deutlich, dass Serpentinas Erzählung drei Zeitstufen umfasst. Sie beginnt mit der Vergangenheit in Atlantis, wo weitgehend positive Zustände herrschten, bis der Salamander diese durch sein Fehlverhalten zerstörte. Anschließend stellt sie die Gegenwart eher negativ dar, eröffnet aber die Aussicht auf eine sehr positive Zukunft in Atlantis. Für die Verwirklichung dieser Hoffnungen ist das Verhalten von Anselmus zentral. Serpentina bezieht sich auf ein Geschichtsmodell, das man als triadisch, also in drei Phasen eingeteilt, bezeichnen kann. Dieses geht von einem sehr positiven Anfangszustand aus, der aber verloren geht, was sich in der als negativ empfundenen zweiten Phase äußert. Auch in dieser gibt es aber Hoffnung auf eine Rückkehr zu dem sehr positiven Anfangszustand („Goldenes Zeitalter") in einer dritten Phase. Vorstellungen wie die beschriebenen gab es bereits in der Antike, bei den Autoren der Epoche der Romantik waren sie sehr populär.[1]

---

[1] Siehe Kapitel „Hintergründe", S. 84 f.

Serpentinas Erzählung von Atlantis

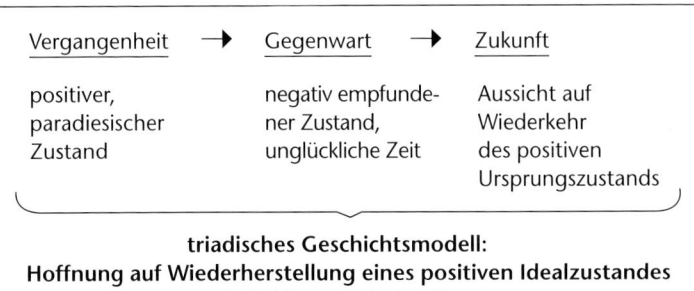

Serpentina bittet im Anschluss an ihre Erzählung um Verständnis für ihren Vater, da Anselmus dessen Lebensgeschichte nun kenne. Sie sei glücklich, dass sie Anselmus
gefunden habe, denn er verfüge über die Voraussetzungen, die Phosphorus festgelegt habe. In der Gegenwart
könne man diese Voraussetzung als „kindliches poetisches
Gemüt" (S. 64, Z. 28) beschreiben, über welches Anselmus
verfüge. Allerdings gebe es Gegenspieler, die ihre Hochzeit
und die Erlösung des Salamanders verhindern wollten. Der
schwarze Drache, ein Feind des Phosphorus, habe im
Kampf schwarze Federn verloren, aus denen Gegner der
Salamander und der mit ihnen verbundenen Erdgeister
entstanden seien. Die Rauerin bzw. das Äpfelweib sei ein
solcher Gegner, sie sei aus der Verbindung einer solchen
schwarzen Feder mit einer Rübe entstanden und wolle nun
den goldenen Topf an sich bringen.

Serpentina bittet Anselmus, ihr weiter treu zu bleiben. Er
verspricht ihr ewige Liebe und sie verschwindet plötzlich.
Er sorgt sich, da er während der mit ihr verbrachten Zeit
nichts hat abschreiben können, doch auf wunderbare
Weise ist die Kopie des Manuskripts fertig, welches die
Geschichte, die Serpentina erzählt hat, enthält. Lindhorst
lobt die geleistete Arbeit und macht sich mit Anselmus

Anselmus als möglicher Erlöser

Freizeit-vergnügen von Lindhorst, Anselmus und Heerbrand

zusammen auf den Weg ins Linkische Bad, um den Feierabend zu genießen. Unterwegs treffen sie den Registrator Heerbrand, welcher sich anschließt und Lindhorst um Feuer bittet. Er schnippt mit den Fingern und entzündet Heerbrands Pfeife, was dieser für ein chemisches Kunststück hält, Anselmus jedoch für ein Anzeichen der Rückkehr der Feuerkraft des Salamanders. Im Linkischen Bad betrinkt sich Heerbrand so sehr, dass Anselmus ihn nach Hause bringen muss.

Märchenhafte und bürgerliche Welt

In diesem letzten Abschnitt der achten Vigilie werden einige charakteristische Merkmale des Textes deutlich. Die fantastisch-märchenhafte trifft auf die reale bürgerliche Welt, auch Vertreter der märchenhaften Welt geben sich alltäglichen Genüssen hin, die Figuren finden unterschiedliche Erklärungen für Vorgänge, die sie beobachten. Heerbrand erklärt die Fähigkeit Lindhorsts, Feuer zu machen, rational-wissenschaftlich, Anselmus sieht darin ein Zeichen für das märchenhaft-wunderbare Wesen Lindhorsts und

Karikatur Hoffmanns: „Wilhelmchen greif dich nicht gar zu sehre an!", Federzeichnung, undatiert

eine Bestätigung für die Erzählung Serpentinas. Dass der
Erzähler den Abend für Heerbrand mit einem Vollrausch
enden lässt, ist wieder ein Moment der Ironisierung der
Figuren. Er schafft hiermit ironische Distanz zu Figuren wie
dem Registrator Heerbrand und auch zu der bürgerlichen
Welt, der sie angehören. Dieses Bestreben ist ebenso im
Leben des Autors E. T. A. Hoffmann immer wieder anzutref-
fen. Erkennbar wird dies z. B. daran, dass der Autor, der
auch über künstlerisches Talent verfügte, gerne Karikaturen seiner Zeitgenossen anfertigte (s. S. 48), was ihm mitunter jedoch Schwierigkeiten einbrachte.[1]

Neunte Vigilie (S. 66–75)

Zu Beginn der neunten Vigilie macht der Erzähler deutlich,
wie sehr Anselmus zwischen Serpentina und Veronika, zwischen der märchenhaften und der alltäglichen Welt, hin-
und hergerissen ist. Einerseits hat ihn die Arbeit für Lindhorst seinem bisherigen Alltag und den darin wichtigen
Menschen entfremdet. Er trifft seine alten Freunde nicht
mehr und wartet nur noch darauf, dass es zwölf Uhr ist und
er Einlass in das Haus des Archivarius findet. Gleichzeitig
verstärkt sich in ihm der Gedanke an Veronika, was seine
Zerrissenheit unterstreicht. Dies kann als Folge des (erfolgreichen) Zaubers gesehen werden, den die Rauerin und
Veronika durchgeführt haben. Der Erzähler sagt dies allerdings nicht eindeutig. Er nimmt Anselmus' Perspektive ein,
der sich wie unter dem Einfluss einer fremden „Macht"
(S. 67, Z. 9), einer „magische[n] Gewalt" (S. 67, Z. 25),
fühlt, die ihn stärker zu Veronika hinzieht. Seine im Kon-
junktiv dargestellten Empfindungen machen diese Bindung deutlich, er fühlt sich fast wie „festgekettet" (S. 67,
Z. 11) an die Tochter des Konrektors Paulmann. Durch diesen bildhaften Ausdruck, einen Vergleich, wird Anselmus'

Anselmus'
Zerrissenheit

---

[1] Zur Biografie Hoffmanns siehe Kapitel „Hintergründe", S. 65 ff.

Gefühl des Gebundenseins an Veronika veranschaulicht. Sie erscheint ihm in seinen Träumen. Auch wenn er wach ist, geht sie ihm nicht mehr aus dem Kopf.

Unterschiedliche Deutungsansätze

Die geschilderte Passage lässt unterschiedliche Deutungsansätze zu. Auf der Ebene der Handlung kann man in Anselmus' Gefühlen für Veronika eine Bestätigung für das Vorhandensein und den Einfluss von Magie sehen. Da Hoffmann großes Interesse an psychischen Vorgängen und deren Darstellung hatte, werden seine Texte oft auch psychologisch gedeutet. Geht man von diesem Ansatz aus, muss man bestimmen, welches die „Macht" (S. 67, Z. 9) ist, die Anselmus an Veronika bindet. Dies können in psychologischer Perspektive z. B. seine eigenen Bedürfnisse und Wünsche sein, aber auch die gesellschaftlichen Regeln und Konventionen, denen zufolge er diese Beziehung eingehen müsste, was ihn möglicherweise in seinem Unterbewusstsein beeinflusst. Ein dritter Deutungsansatz könnte von Hoffmanns Biografie ausgehen. Seine Erfahrung mit der Liebe zu Julia Marc[1] könnte hier verarbeitet worden sein, zumal die Gefühle, die Hoffmann erlebte und als sehr intensiv und nur schwer beherrschbar beschrieb, erst kurze Zeit zurücklagen.

Anselmus: intensive Gefühle für Veronika

Als der Student den Konrektor Paulmann auf der Straße trifft, nimmt dieser ihn mit zu sich nach Hause, wo Anselmus auf Veronika trifft. Der junge Mann spürt seine intensiven Gefühle für sie, beide sind fröhlich, necken sich verliebt und suchen die Nähe des anderen. Anselmus entdeckt den magischen Spiegel, den die Rauerin hergestellt hat. Er blickt hinein und der Zauber, der mit dem Spiegel verbunden ist, lässt Anselmus die Geschichte von dem Salamander und seiner Tochter Serpentina für reine Erfindung und Einbildung halten. Der Student ist überzeugt, dass er eigentlich immer nur Veronika im Sinn gehabt habe. Insofern ist die

---

[1] Siehe Kapitel „Hintergründe", S. 69 f.

Magie der Rauerin erfolgreich gewesen. Er ruft laut Veronikas Namen, sieht in ihre blauen Augen und beide küssen sich. Anselmus verspricht ihr, sie zu heiraten, wenn er Hofrat geworden ist. Die alltägliche, bürgerliche Welt scheint über die märchenhaft-fantastische Welt gesiegt zu haben, wenngleich dies nur durch den Einsatz von Magie möglich geworden ist. Dies wird dadurch unterstrichen, dass der Konrektor Paulmann seinen Gast davon überzeugen kann, an diesem Tag nicht mehr zum Hause Lindhorsts zu gehen, da es ohnehin schon zu spät sei. Anselmus hofft auf weitere Blicke und Zärtlichkeiten von Veronika, die märchenhaften Ereignisse werden für ihn zu „fantastischen Einbildungen" (S. 69, Z. 23), von denen er sich befreien möchte.

Sieg der alltäglichen, bürgerlichen Welt über die märchenhaft-fantastische Welt

Die Zusammenkunft im Hause Paulmann wird ergänzt durch den Registrator Heerbrand, der Zutaten für einen Punsch mitgebracht hat. Nachdem dieser hergestellt worden ist, konsumieren die drei Männer kräftig das alkoholhaltige Getränk. Sie sind nach kurzer Zeit alle betrunken, und die Gespräche, die zunächst noch fröhlich, aber geordnet verlaufen, werden zunehmend unkontrolliert. Anselmus erinnert sich in alkoholisiertem Zustand an Lindhorst und Serpentina und erzählt den Anwesenden die Geschichte vom Salamander und dessen Töchtern. Paulmann wird zornig, weil er dies nicht glauben kann, Heerbrand unterstützt den Studenten aber, da er selbst erlebt hat, dass Lindhorst durch sein Fingerschnippen Funken erzeugen kann. Die Runde gerät nun vollends außer Kontrolle, da die drei Männer offensichtlich heillos betrunken sind. Paulmann brüllt vor Zorn, reißt sich die Perücke vom Kopf und wirft sie an die Zimmerdecke. Heerbrand und Anselmus rufen laut durcheinander, machen sich über die Rauerin lustig und lassen den Salamander hochleben, Paulmann stimmt mit ein. Die Punschterrine und die Gläser gehen zu Bruch, die jüngere Paulmann-Tochter flüchtet weinend und Veronika ist der Verzweiflung nahe. Das Chaos im

Punschgelage im Hause Paulmann

Hause Paulmann ist perfekt. Die Beschreibung dieser Szene bereitet dem Erzähler offensichtlich großes Vergnügen, er stellt das Gelage in allen Details dar.

Komik Die Komik in dieser Situation liegt zum einen in der Darstellung des Verhaltens der Figuren, die in anderen Situationen besonders großen Wert auf bürgerlich anständiges und maßvolles Verhalten legen und dieses von anderen einfordern. Ihr Betragen in dieser Szene, in der sie unter Alkoholeinfluss stehen, widerspricht dem eigenen Anspruch. Sie brüllen laut durcheinander, beleidigen sich gegenseitig und der Konrektor Paulmann reißt sich sogar seine Perücke, die ein äußeres Kennzeichen seines bürgerlichen Status ist, vom Kopf. Die Personifikation, dass die „gequetschten Locken ächzten" (S. 71, Z. 32 – S. 72, Z. 1), wirkt dabei zusätzlich komisch. Der Erzähler macht sich durch die satirisch übertriebene Darstellungsweise über die Figuren lustig.

Abruptes Ende der Feier Die chaotische Situation wird jäh unterbrochen, als plötzlich ein kleines, grau gekleidetes Männlein das Zimmer betritt und Anselmus eine Botschaft des Archivarius Lindhorst überbringt. Der Student sei nicht wie vereinbart zur Arbeit erschienen und solle dies am nächsten Tag auf keinen Fall vergessen. Als das Männlein den Raum wieder verlässt, sehen die Anwesenden, dass es eigentlich ein Papagei gewesen ist, der die Botschaft überbracht hat. Die Vorstellung, dass ein sprechender Papagei hier die Figuren besucht und diese das erst bei seinem Abschied erkennen, wirkt zusätzlich komisch. Der Erzähler lässt allerdings auch hier offen, ob sie dies nur im Rausch so gesehen haben oder ob der Papagei wirklich erschienen ist. Die Reaktionen der Anwesenden sind in jedem Fall ganz unterschiedlich. Paulmann und Heerbrand reagieren mit einem lauten alkoholisierten Lachen, Veronika wird endgültig von ihrer Verzweiflung fast zerrissen und Anselmus spürt den „Wahnsinn des innern Entsetzens" (S. 72, Z. 27 f.). Er rennt wie von Sinnen nach Hause und träumt dort von Veronika.

Nach dem Aufwachen fühlt er sich besser und glaubt, dass die ganze Verwirrung nur an dem übermäßigen Alkoholkonsum gelegen habe, was zeigt, dass er in diesem Moment klar der alltäglichen, bürgerlichen Welt und damit Veronika zugeneigt ist und die Existenz der märchenhaft-fantastischen Welt leugnet.

Er begibt sich wie verabredet zum Lindhorst'schen Haus, welches ihm nun ganz gewöhnlich und überhaupt nicht mehr märchenhaft vorkommt. Auch das Erscheinen des Papageis am Vorabend hält er für die Einbildung von Betrunkenen. Lindhorst allerdings behauptet, er sei Zeuge des Gelages bei Paulmanns gewesen und habe in der Punschterrine gesessen, was Anselmus als Unsinn abtut. Er begibt sich an seine Arbeit, die ihm an diesem Tag aber deutlich schwerer fällt als sonst. Auch dies ist eine Konsequenz seiner (vorläufigen) Entscheidung für Veronika und die Welt, der sie angehört.

Anselmus: veränderte Haltung zu Lindhorst und Serpentina

Die Folgen dieser Entwicklung lassen nicht lange auf sich warten. Anselmus ist ungeschickt und unaufmerksam bei der Arbeit, allen Warnungen zum Trotz hinterlässt er einen Tintenklecks auf dem Originalmanuskript, welches er kopieren soll. Die Strafe hierfür folgt unmittelbar. Ein Blitz fährt aus dem Tintenfleck heraus zur Decke, Anselmus ist von Feuer und Dampf umgeben, Riesenschlangen winden sich um ihn herum und über allem thront der gekrönte Salamander, der Strafe für Anselmus' frevelhafte Tat ankündigt. Er wird in eine fest verschlossene Kristallflasche, die auf einem Regalbrett in der Bibliothek Lindhorsts steht, eingesperrt und ist nicht mehr in der Lage, sich zu rühren. Damit erfüllt sich auch die bedrohliche Prophezeiung des Äpfelweibs vom Anfang des Märchens.

Ungeschicklichkeit und Strafe: Gefangenschaft in der Kristallflasche

Zehnte Vigilie (S. 75–81)

Der Erzähler spricht erneut den Leser direkt an und bittet ihn, sich Anselmus' Lage genau vorzustellen. Zu diesem Zweck beschreibt er anschaulich, wie sich der Student in

Leseranrede: Einfühlung in Anselmus

der Kristallflasche fühlen muss. Er führt dem Leser die Gefühle der Beengtheit, der Beklemmung, der Atemnot und
der Angst vor Augen, damit dieser Mitleid mit Anselmus
hat. Durch diese Art der Darstellung erreicht der Erzähler
auch, dass sich der Leser eher in die Situation der Figur
hineinversetzen kann.

Verzweiflung bei Anselmus Anselmus ist angesichts seiner Situation in der Flasche verzweifelt und fühlt sich dem Wahnsinn nahe, weil er keinen
Ausweg sieht. Er gibt sich selbst die Schuld an seinem Unglück, da er an Serpentina gezweifelt und sich von ihr losgesagt habe, wofür er die gerechte Strafe erhalten habe. Er
hofft auf Erlösung durch Serpentina, die er zumindest noch
ein einziges Mal sehen und hören möchte.

Sein Klagen hören fünf junge Männer, die ebenfalls in Kristallflaschen eingesperrt sind und neben Anselmus auf demselben Regalbrett stehen. Sie sind allerdings vergnügt und
gut gelaunt und verstehen nicht, worüber sich Anselmus
beklagt. Sie seien froh über ihre Situation und hätten durch
die Kopierarbeiten genug Geld für ihr Freizeitvergnügen.
Anselmus widerspricht ihnen und weist sie auf ihre Situation in den Flaschen hin. Daraufhin lachen sie ihn aus und
halten ihm vor, er würde in dem Moment auf der Brücke
über die Elbe stehen und hinunterschauen. Der Erzähler
löst auch an dieser Stelle nicht auf, ob die Situation in der
Flasche nur in Anselmus' Wahrnehmung existiert oder als
wirklich zu verstehen ist.

Hoffnung auf Erlösung durch Serpentina Anselmus selbst führt die unterschiedliche Wahrnehmung
der Situation darauf zurück, dass nur er Serpentina kennengelernt hat und liebt. Er erhofft sich von ihr Erlösung aus
seiner misslichen Lage, auch dies ein typisches Märchenmotiv – die Erlösung des jungen Mannes durch eine Frau,
die ihn liebt. In Volksmärchen ist dies oft die Schwester, die
die Rückverwandlung ihrer in Tiere verzauberten Brüder
erreichen muss. Tatsächlich glaubt Anselmus, die Stimme
der Geliebten zu hören, was ihm die Hoffnung auf Befrei

ung aus seiner Lage gibt. Der Gedanke an Serpentina führt dazu, dass er seine Lage als weniger beengend empfindet. Allerdings tritt bald eine weitere Figur hinzu, nämlich das Äpfelweib bzw. die Rauerin, die als Kaffeekanne zugegen ist und langsam ihre eigentliche Gestalt annimmt. Sie verhöhnt Anselmus und weist ihn auf ihre Prophezeiung vom Anfang der Erzählung hin, die nun eingetreten sei. Sie bietet ihm ihre Hilfe an, unter der Voraussetzung, dass er Veronika Paulmann heiratet, sobald er Hofrat geworden ist. Doch Anselmus trotzt ihr und lehnt die genannten Zukunftsperspektiven ab. Er hat sich klar für Serpentina entschieden, er will „untergehen in Sehnsucht und Schmerz" (S. 78, Z. 32 f.), wenn er nicht mit ihr zusammen sein kann.

Die Rauerin versucht, Anselmus zu beeinflussen

Die Rauerin lacht ihn aus, entkleidet sich und legt eine Rüstung aus Pergamentblättern an. Ihr schwarzer Kater erscheint ebenfalls und gemeinsam bemächtigen sie sich des goldenen Topfes. Den Kater fordert sie auf, Serpentina zu töten. Die Vögel im Lindhorst'schen Haus geraten in Aufruhr, der Papagei warnt laut rufend vor der Gefahr. Daraufhin erscheint Lindhorst und es kommt zu einem magischen Zweikampf zwischen ihm und dem Äpfelweib. Gleichzeitig beginnt ein Kampf zwischen Papagei und Kater, den der Vogel siegreich gestaltet, wodurch er Serpentina rettet. Der Kater wird von den Krallen des Papageis durchbohrt, welcher ihm mit dem Schnabel auch noch die Augen aushackt. Die Auseinandersetzung zwischen Lindhorst und dem Äpfelweib geht gleichzeitig hin und her, sie bewirft ihn mit Erde aus dem goldenen Topf, er bekämpft sie mit brennenden Lilien von seinem Schlafrock. Feuer, Flammen, Qualm und Rauch bestimmen die Szenerie. Schließlich siegt Lindhorst über seine Widersacherin, die sich in „eine garstige Runkelrübe" (S. 80, Z. 32) verwandelt.

Kampf Lindhorsts gegen die Rauerin: Sieg des Archivarius

Die Darstellung des Kampfes ist einerseits spannungsgeladen, enthält dann aber auch wieder ironische Elemente,

Ironische Elemente

wie z. B. die Verwandlung der bösen Hexe in eine Runkelrübe. Auch die im Anschluss dargestellte Szene, in der sich Lindhorst und der Papagei gegenseitig zu ihrem Sieg beglückwünschen und der Archivarius dem Vogel als Belohnung für seinen Einsatz Kokosnüsse und eine neue Brille verspricht, wirkt humoristisch und ironisch. Hierzu trägt auch der sehr förmliche Stil ihrer Aussagen bei, der von Unterwürfigkeits- und Höflichkeitsfloskeln wie „Lebenslang der Ihrige, verehrungswürdiger Freund und Gönner!" (S. 81, Z. 2f.) gekennzeichnet ist.

Befreiung aus der Kristallflasche

Für Anselmus hat die Auseinandersetzung ein Happyend. Lindhorst stellt fest, dass er eigentlich schuldlos ist, „ein feindliches Prinzip" (S. 81, Z. 12f.) sei verantwortlich für seinen Zweifel an Serpentina und der märchenhaften Welt, Anselmus habe sich als treu erwiesen. Er wird aus der Kristallflasche befreit und kann die Geliebte in die Arme schließen.

Welches „feindliche Prinzip" Lindhorst hier meint, wird nicht näher erläutert. Der Leser kann hierzu verschiedene Vermutungen anstellen. So kann sich die Aussage z. B. auf die bösen Mächte der märchenhaften Welt, verkörpert durch das Äpfelweib, beziehen, die möglicherweise versucht haben, Anselmus seinen Glauben an das Fantastische und Märchenhafte und damit an Serpentina und seine Liebe zu ihr zu nehmen. Gleichzeitig könnte das „feindliche Prinzip" auch die Orientierung an Verstand und Vernunft in der bürgerlichen Welt, vertreten durch Paulmann und Heerbrand, sein. Auch deren Grundsätze wären dazu geeignet, Anselmus seinen Gefühlen und seinem Glauben an eine märchenhaft-fantastische Welt zu entfremden.

Magischer Zweikampf als Höhepunkt der Handlung

Die zehnte Vigilie bildet in der Darstellung des magischen Zweikampfes einen oder vielleicht auch den Höhepunkt der Handlung. Zugleich führt sie am Ende dieses Abschnittes zu einer Auflösung der Spannung, da klar wird, dass sich die guten Mächte der märchenhaften Welt durchsetzen. Im traditionellen Märchen ist der Sieg des Guten über das Böse üblich. Wie der Leser hier erfährt, gilt dies auch für dieses „Märchen aus der neuen Zeit". Zugleich wird klar, wie Anselmus sich entscheidet bzw. in welche Richtung seine Zukunft führen wird. Aus der Entwicklung der Handlung ergibt sich, dass eine gemeinsame Zukunft von Veronika und Anselmus ausgeschlossen ist und seine Verbindung mit Serpentina, und damit mit der märchenhaften Welt, beschlossen ist.

Elfte Vigilie (S. 81–87)

Am Morgen nach dem Punschgelage, welches in der neunten Vigilie dargestellt worden ist, besichtigen Paulmann und Heerbrand das zerstörte Zimmer. Sie suchen nach einer Erklärung für die außer Kontrolle geratene Situation. Während Paulmann den Grund bei dem gemeinsamen Alkoholgenuss sucht, gibt Heerbrand Anselmus die Schuld, da dieser sie mit seiner geistigen Verwirrung angesteckt habe. Beide suchen nach einer rationalen Erklärung für den Vorgang, den Studenten halten sie für wahnsinnig. Das Erscheinen des Papageis erklären sie damit, dass ein Gehilfe des Archivarius zu ihnen gekommen sei und sie diesen lediglich in ihrem alkoholisierten Zustand für einen Vogel gehalten hätten. Paulmann macht deutlich, dass er keinen weiteren Kontakt mit dem aus seiner Sicht wahnsinnigen Anselmus mehr wünscht. Veronika ist zutiefst unglücklich und depressiv, auch der herbeigerufene Arzt kann ihr nicht helfen, sondern macht nur allgemeine und nichtssagende Vorschläge.

Paulmann und Heerbrand: Ablehnung von Anselmus

Auch nach mehreren Wochen bleibt Anselmus verschwunden und taucht im Leben der Familie Paulmann nicht mehr auf. Am 4. Februar lässt sich allerdings Heerbrand, der ebenfalls seit dem Morgen nach dem Punschgelage nicht mehr erschienen ist, wieder beim Konrektor Paulmann blicken. Genau um zwölf Uhr mittags erscheint er, zu der Zeit,

Hofrat Heerbrands Heiratsantrag

zu der Anselmus immer seinen Dienst beim Archivarius angetreten hat. Heerbrand teilt seinem Freund mit, dass er schon damals erfahren habe, dass er Hofrat werden sollte. Dies sei nun geschehen. Heerbrand tritt dementsprechend in neuer und moderner Kleidung auf, auch dies ist ein Gegensatz zwischen ihm und Anselmus, dessen Kleidung zu Beginn der Erzählung als altmodisch und unpassend beschrieben wird. Als Hofrat offenbart Heerbrand seinem Freund Paulmann, dass er Veronika liebe und heiraten wolle, deshalb sei er an ihrem Namenstag zu ihnen gekommen. Er hat Blumen und Geschenke für sie dabei und bittet den Vater um die Hand seiner Tochter. Paulmann ist erfreut über diese Wendung, in oberflächlicher Weise deutet er die schlechte Gemütsverfassung seiner Tochter um in eine „versteckte Verliebtheit" (S. 84, Z. 29) in Heerbrand. Dies macht deutlich, dass es ihm nicht um seine Tochter und deren wirkliche Gefühle geht.

Charakterisierung Veronikas: materielle Orientierung

Veronika willigt allerdings sehr schnell in die Verbindung mit Heerbrand ein, sein Geschenk, ein Paar Ohrringe, und seine neue soziale Stellung tragen erkennbar zu ihrem Sinneswandel bei. Als Veronika noch darauf spekuliert hat, dass Anselmus Hofrat und sie seine Frau werden könnte, hat sie davon geträumt, von ihrem zukünftigen Mann ein Paar Ohrringe geschenkt zu bekommen. Insofern liegt hier eine Verbindung zur fünften Vigilie vor, in der Veronikas Traum, dass Anselmus ihr den Schmuck schenkt, beschrieben wird. Die Wiederholung und Weiterführung dieses Motivs dient der Charakterisierung der jungen Frau, die an materiellen Dingen sehr interessiert zu sein scheint.

Veronikas Geständnis über die Vergangenheit

Bevor sie ihn heiratet, will sie aber mit der Vergangenheit abschließen, und sie berichtet den beiden Männern von ihren Bemühungen, mithilfe der Rauerin Anselmus für sich zu gewinnen. Dies sei jedoch misslungen und die Rauerin sei als Runkelrübe vom Papagei Lindhorsts gegessen worden, woraufhin der magische Spiegel zerbrochen sei. Zukünftig wolle sie sich aller magischen Praktiken enthalten. Ihr Vater ist entsetzt über das Geständnis und fürchtet, seine Tochter sei endgültig wahnsinnig geworden und habe damit ihre Zukunftsaussichten als Frau des Hofrates verspielt. Dieser äußert jedoch Verständnis für Veronika. So kommt es schließlich zur Heirat des Hofrates Heerbrand mit Veronika Paulmann, die als Hofrätin Heerbrand den von ihr erträumten sozialen Aufstieg geschafft hat.

Die Reaktion des Vaters auf den Bericht seiner Tochter weist auf ein typisches Merkmal der Darstellung der bürgerlichen Figuren hin. Wenn andere Figuren von unerklärlichen, sonderbaren Vorgängen berichten, wie Veronika es in dieser Vigilie tut, kann der Konrektor Paulmann als Repräsentant der bürgerlichen Sphäre nicht die Existenz des Unerklärlichen anerkennen. Vielmehr führt er Veronikas Bericht auf ihren vermeintlichen Wahnsinn zurück, er unterstellt also krankhaftes Verhalten. Auf solche Erklärungsmuster trifft Anselmus bereits nach seiner ersten Begegnung mit Serpentina, wie es der Erzähler zu Beginn der zweiten Vigilie darstellt.

Paulmann leugnet das Märchenhafte

Auch in diesem Abschnitt werden die Figuren der bürgerlichen Welt mit Ironie dargestellt, insbesondere der Konrektor Paulmann. Dies wird z. B. deutlich an der Geschwindigkeit, mit der er die Verlobung seiner Tochter vorantreibt. Er fürchtet, dass Veronikas Gemütsverfassung die vorteilhafte Verbindung noch verhindern könnte, so drängt er darauf, dass Heerbrand und Veronika sich schnell verloben. Der Erzähler macht dieses eigentlich unpassende Tempo ironisch durch seinen Hinweis deutlich, dass die Verlobung geschehen sei, „noch ehe die aufgetragene Suppe kalt geworden" (S. 87, Z. 12 f.) sei.

Ironische Darstellung

Zwölfte Vigilie (S. 87 – 93)

Der Erzähler drückt zu Beginn der letzten Vigilie aus, wie schwer es ihm fällt, das Glück, das Anselmus und Serpentina zuteilgeworden ist, in Worte zu fassen. Er spricht den

Leseranrede: Schwierigkeiten der Vollendung des Werkes

Leser wieder direkt an und bezieht ihn in den Schaffensprozess ein. Die ersten elf Vigilien habe er, der Erzähler, „glücklich zustande gebracht" (S. 88, Z. 7), doch jetzt sei er mehr als unzufrieden mit seiner eigenen Unfähigkeit, die Geschichte zum Ende zu bringen bzw. die richtigen Worte zu finden. Er weist noch einmal darauf hin, dass die Erzählung in der Nacht entstanden sei und vollendet werden solle, doch Letzteres gelinge ihm nicht. So beschließt der Erzähler, zu Bett zu gehen und wenigstens von seinen Figuren zu träumen.

Brief mit Angebot des Archivarius

Nach einigen Tagen erhält er von dem Archivarius Lindhorst einen kurzen Brief, in dem er Verständnis für die Lage des Erzählers äußert. Anselmus sei jetzt ein Dichter und lebe mit Serpentina auf einem Rittergut, das Lindhorst gehöre, in dem sagenhaften Reich Atlantis. Obwohl er dem Erzähler vorwirft, dass er Lindhorsts eigentliches Wesen als Salamander für die Leser öffentlich gemacht habe, bietet Lindhorst seine Hilfe an. Er lädt den Erzähler zu sich nach Hause ein, dort könne er ihn im blauen Palmbaumzimmer besuchen, schließlich habe er auch viel Gutes über Serpentina geschrieben.

Erzähler wird Teil der erzählten Welt

Dieser Brief ist insofern bemerkenswert, als sich hier eine Figur des Märchens an den Erzähler wendet, der diese Figur erschaffen hat. Der Erzähler wird damit selbst Teil der von ihm erzählten Welt. Gleichzeitig ironisiert Lindhorst als Figur der Erzählung seine eigene Situation, indem er darüber nachdenkt, welche Auswirkungen seine Enttarnung als Salamander für seine Tätigkeit im Staatsdienst haben und ob er überhaupt noch öffentliche Aufgaben übernehmen könne. Die ironische Wirkung kommt u. a. dadurch zustande, dass Lindhorst sich dabei der Sprache der Verwaltung bedient und Fragen aufwirft, die aus einem realistischen Blickwinkel keinen Sinn ergeben, z. B. „inwiefern wohl ein Salamander sich rechtlich und mit verbindenden Folgen als Staatsdiener eidlich verpflichten könne" (S. 88, Z. 31 ff.).

Auch die Art, wie der Briefschreiber sich an den Erzähler wendet, ist ironisch zu verstehen. Lindhorst als Figur der Erzählung spricht den Erzähler an, zeigt Verständnis für dessen schwierige Situation beim Vollenden des Märchens und bedauert, dass er sich so „quälen" (S. 88, Z. 24) müsse.

Der Erzähler betrachtet den Brief des Archivarius als Erlaubnis, über Anselmus und dessen weiteres Schicksal zu schreiben, was er bis dahin als Geheimnis gesehen hat. Außerdem fühlt er sich darin bestätigt, über Lindhorst als Salamander zu schreiben, da dieser mit dem Brief und dem darin enthaltenen Hilfsangebot quasi sein Einverständnis gegeben habe. Mit diesen Überlegungen ironisiert der Erzähler auch den Prozess des Erzählens, über den er mit seinen Figuren in einen Austausch eintritt.

Der Erzähler nimmt die Einladung Lindhorsts an und begibt sich zu dessen Haus. Der Archivarius führt ihn in das blaue Palmbaumzimmer, wo sich der Erzähler an den Schreibtisch setzen kann, an dem auch Anselmus gearbeitet hat. Die Vermischung der Ebene des Erzählens bzw. des Erzählers und der Figuren wird hier also konsequent fortgesetzt. Lindhorst bietet dem Erzähler Arrak, eine hochprozentige Spirituose, an, die dieser gerne annimmt.

Erzähler im Palmbaumzimmer

Er spricht dem alkoholischen Getränk zu und hat unter dessen Einfluss eine Vision von Anselmus im sagenhaften Atlantis. Dieser lebt dort glücklich und im Einklang mit der Natur. Die Blumen, Büsche und Bäume rufen ihn und sprechen zu ihm, die Bäche fühlen sich eins mit Anselmus, sie fordern ihn auf, in ihr „Kristall" (S. 91, Z. 20) zu schauen, wo er sein Spiegelbild sehen könne. Damit wird das Motiv des Kristalls wieder aufgenommen und ins Positive gewendet. Die Vögel singen im „Jubelchor" (S. 91, Z. 22) für ihn – anders als in seiner vorherigen Existenz, als ihn die Vögel im Hause des Archivarius verspottet haben. Anselmus hat eine Wunschvorstellung der romantischen

Vision von Atlantis unter Alkoholeinfluss

Motiv des Kristalls

Schriftsteller erreicht: Er hat die aus ihrer Sicht verloren gegangene Einheit zwischen Mensch und Natur wiederhergestellt, wenngleich dies nur im sagenhaften Atlantis möglich ist.

Übersteigerte Darstellung Die sprachliche Gestaltung dieses Abschnitts wirkt übersteigert. Durch die Verwendung von zahlreichen Nomen aus dem Wortfeld „Liebe", z. B. „Geliebter" (S. 91, Z. 16), „Sehnsucht" (S. 91, Z. 13), „Verlangen" (S. 91, Z. 13), wird die enge Verbindung zwischen Anselmus und der Natur ausgedrückt. Die Emotionalität der Szene wird durch Ausrufe, die z. T. steigernd angelegt sind, unterstrichen. In dem Ausruf der Vögel „Höre uns, höre uns, wir sind die Freude, die Wonne, das Entzücken der Liebe!" (S. 91, Z. 22 ff.) wird dies besonders deutlich, hier auch noch in Form einer dreigliedrigen Steigerung, einer Klimax. Die Verwendung von Adjektivattributen mit sehr positiver Bedeutung, z. B. „glühende" (S. 91, Z. 7 und 12) oder „goldnen" (S. 91, Z. 11), trägt dazu bei, dass eine sehr emotionale Atmosphäre geschaffen wird, die auf die meisten Leser übertrieben wirken dürfte. Die Verwendung von lautmalerischen Verben wie „rischeln und rauschen" (S. 91, Z. 15), „umsäuseln" (S. 91, Z. 17), „plätschern und sprudeln" (S. 91, Z. 19), die Naturvorgänge beschreiben sollen, intensiviert die Atmosphäre, die in diesem Abschnitt geschaffen werden soll.

Verwirklichte Utopie in Atlantis: neues „Goldenes Zeitalter" Anselmus selbst sehnt sich in der Vision des Erzählers aber noch mehr nach Serpentina, die ihm aus einem kunstvoll gestalteten Tempel entgegenkommt und den goldenen Topf, die versprochene Mitgift, in den Händen hält. Aus diesem wächst eine Lilie hervor, womit ein Rückbezug hergestellt wird zu dem sagenhaften Geschehen, das Lindhorst in der dritten Vigilie erzählt. Anselmus und Serpentina sind von grenzenloser Liebe füreinander erfüllt und die Natur um sie herum stimmt in die Feier dieser Liebe ein. Auch die übernatürlichen Mächte beteiligen sich an diesem Fest und preisen das Glück, von dem Anselmus erfüllt ist. Er dankt Serpentina, die Liebe zu ihr habe ihm die Einsicht in „das Innerste der Natur" (S. 92, Z. 18 f.) und „die Erkenntnis des heiligen Einklangs aller Wesen" (S. 92, Z. 21 f.) möglich gemacht. Damit formuliert Anselmus nun auch selbst das romantische Idealbild von der wiederhergestellten Einheit von Mensch und Natur.

Der Erzähler bezeichnet abschließend das, was er über Anselmus berichtet, noch einmal als Vision, womit er den Wahrheitsgehalt der Darstellung offenlässt. Er beneidet allerdings Anselmus um das glückliche Leben in Atlantis, zumal er, wenn er das Haus des Archivarius wieder verlasse, in sein alltägliches Leben zurückkehren müsse, welches ihm im Vergleich düster und armselig erscheint. So bedauert sich der Erzähler selbst, dass er solch ein Leben führen müsse. Doch Lindhorst tröstet ihn, denn schließlich könne er sich in die Literatur, die Poesie, zurückziehen, in der er, so wie Anselmus in Atlantis, das Leben im Einklang mit der Natur erleben könne. Neid und Unzufriedenheit des Erzählers

Mit dieser Bemerkung des Archivarius Lindhorst zur Bedeutung der Literatur endet das Märchen. Auf der Handlungsebene ist die Erzählung schon nach der elften Vigilie abgeschlossen, denn der Leser weiß dann bereits, dass sowohl Anselmus und Serpentina als auch Veronika und der Hofrat Heerbrand einer glücklichen Zukunft entgegensehen. Der zwölften Vigilie kommt daher eine andere Aufgabe zu. Der Erzähler macht hier seinen eigenen Erzählprozess zum Gegenstand. Da er selbst beim Erzählen an seine Grenzen stößt und nicht mehr weiterkommt, benötigt er die Hilfe seiner Figuren. Dadurch werden die Erzählung und der Prozess des Erzählens fast schon humoristisch ironisiert. Dies gilt auch für die Darstellung von Anselmus' Glück in Atlantis, die den Mittelteil der zwölften Vigilie bildet. Die Natur wird in steigernder und übersteigerter Weise in ihrer Schönheit und Pracht geschildert, Anselmus beschließt Erzählprozess als Gegenstand des Erzählens diesen Mittelteil mit einer pathetischen Feierrede. Doch all dies ist nur eine Vision des Erzählers, die dadurch zustande kommt, dass er durch Genuss von Arrak alkoholisiert ist und in diesem Zustand die beschriebene Szene sieht. Die Vision erscheint dadurch in einem zwiespältigen Licht und kann auch als übertriebene Fantasie eines Betrunkenen gedeutet werden. Dies nimmt der Vision etwas von ihrem Ernst.

Hintergründe

E. T. A. Hoffmann: Leben und Werk

E. T. A. Hoffmann wurde am 24. Januar 1776 in Königsberg, der Hauptstadt der preußischen Provinz Ostpreußen,
geboren. Königsberg zählte um 1800 mit ca. 60.000 Ein-
wohnern zu den größten deutschen Städten, es war zu
dieser Zeit die nordöstlichste deutsche Großstadt, die eine
der ältesten deutschsprachigen Universitäten beherbergte.
Hier lehrte z. B. der berühmte Aufklärungsphilosoph Immanuel Kant (1724–1804).

Herkunft

Die Vornamen des Schriftstellers lauteten eigentlich Ernst
Theodor Wilhelm, er änderte 1804 seinen dritten Vornamen jedoch in Amadeus, aus Bewunderung für den öster-
reichischen Komponisten Wolfgang Amadeus Mozart
(1756–1791).

Hoffmann stammte aus einem bildungsbürgerlichen Milieu. Seine Mutter war eine geborene Doerffer, eine angesehene und alteingesessene Königsberger Juristenfamilie. In
der Familie seines Vaters gab es viele Geistliche und Lehrer.
Hoffmanns Vater, ein Jurist, war mit der Ernennung zum
Hofgerichtsadvokat ein sozialer Aufstieg gelungen, da Ju-
risten besonderes Ansehen genossen.

E. T. A. Hoffmann wurde als dritter Sohn seiner Eltern geboren. Als er zwei Jahre alt war, trennten sich diese, und die
Mutter zog mit den Kindern zurück in ihr Elternhaus. Der
Vater entsprach wohl nicht den Erwartungen, die die Familie der Mutter in ihn gesetzt hatte. Er vernachlässigte seine
Dienstpflichten als Hofgerichtsadvokat und seine Karriere,
vermutlich trank er auch.

Kindheit und
Jugend

Hoffmann lebte bis zu seinem 20. Lebensjahr im Hause der
Familie Doerffer, in dem bei seinem Einzug neben der
Großmutter und der Mutter auch zwei unverheiratet
gebliebene Tanten und ein Onkel wohnten. Hoffmanns

Mutter litt unter der Situation, nach der gescheiterten Ehe wieder in der Tochterrolle in ihrem Elternhaus leben zu müssen. Mit den sich hieraus ergebenden Konflikten konnte sie nur schwer fertigwerden. Der Literaturwissenschaftler Rüdiger Safranski urteilt daher: „Die Vater- und die Mutterrolle blieben also in Hoffmanns Kindheit unbesetzt."[1] Diesen Umstand verarbeitet der Schriftsteller später immer wieder in seinen Werken. So können z.B. die Eltern Nathanaels, der Hauptfigur in der Erzählung „Der Sandmann", den Protagonisten in seiner Kindheit nicht effektiv schützen oder ihm seine Ängste nehmen, da sie hierfür zu schwach sind.

In Königsberg besuchte Hoffmann zehn Jahre lang – von 1782 bis 1792 – die Burgschule, wo, wie auch an der Königsberger Universität, die aufklärerische Orientierung an Vernunft und Verstand (Rationalismus) vorherrschte. Hoffmann wird zwar später als Autor der Epoche der Romantik zugerechnet werden, seine schulische und universitäre Prägung basierte aber auf dem Geist der Epoche der Aufklärung.

Jurastudium und musische Interessen

Da er in einem bildungsbewussten Haushalt aufwuchs, wurde Hoffmann umfassend künstlerisch und musikalisch gefördert, und er entdeckte früh entsprechende Neigungen und Talente. Trotzdem begann er 1792, der Familientradition und den Erwartungen der Familie folgend, an der Universität in Königsberg

E. T. A. Hoffmann

---

[1] Rüdiger Safranski: E. T. A. Hoffmann. Das Leben eines skeptischen Phantasten. Frankfurt/M.: Fischer Taschenbuch Verlag ⁶2014, S. 25.

Rechtswissenschaften zu studieren. Seine Freizeit widmete er aber seinen musischen Interessen, vor allem dem Komponieren, Musizieren und Zeichnen. Der Traum von einem Leben als Musiker und Künstler begleitete Hoffmann sein Leben lang. Daneben entwickelte er literarische Ambitionen und verfasste erste Romane, die aber nicht erhalten sind. Sein Studium absolvierte er ohne rechte Begeisterung. Trotzdem beendete er seine Ausbildung erfolgreich, das zweite Staatsexamen schloss er mit einer sehr guten Beurteilung ab.

Nachdem er in Königsberg, Glogau und Berlin seine Ausbildung vollendet hatte, wurde Hoffmann im Jahr 1800 zum Assessor[1] bei der Regierung in Posen ernannt. Seine berufliche Karriere schien damit geradlinig und erfolgreich zu verlaufen. Doch bereits nach zwei Jahren kam es zum Skandal. Hoffmann hatte, sein künstlerisches und satirisches Talent einsetzend, von einflussreichen Persönlichkeiten der Posener Gesellschaft Karikaturen angefertigt. Diese wurden öffentlich, und die Betroffenen fühlten sich von Hoffmann beleidigt. Die Folge war, dass er strafversetzt wurde und seine Karriere einen ernsten Knick erhielt. Statt, wie eigentlich schon vorgesehen, in Posen zum Regierungsrat befördert zu werden, wurde Hoffmann in das weit abgelegene Kleinstädtchen Plock geschickt. Erst 1804 konnte er dieses wieder verlassen und sich über eine Regierungsratsstelle in Warschau freuen, welches seit der dritten polnischen Teilung im Jahr 1795 zur preußischen Provinz Neuostpreußen gehörte. *Berufliches Auf und Ab*

Noch in Posen hatte sich Hoffmann in die Polin Michaelina Rorer-Trzcinska verliebt, die er im Sommer 1802 heiratete. Eigentlich war er, als er Mischa, wie Hoffmann seine Frau nannte, kennenlernte, noch mit seiner Cousine Minna Doerffer verlobt. Diese Verlobung löste er, zum Missfallen *Ehe und Familie*

---

[1] Assessor: Anwärter auf die höhere Beamtenlaufbahn

seiner Familie, auf. 1805 wurde Hoffmanns Tochter Cäcilia geboren, die aber bereits 1807 starb.

Krisenjahre Der Tod seiner Tochter war nicht der einzige Schicksalsschlag, den Hoffmann in dieser Zeit hinnehmen musste. Im November 1806 marschierten französische Truppen in Warschau ein – Frankreich unter Napoleon (1769–1821) und Preußen standen im Krieg gegeneinander, den die Franzosen schließlich für sich entschieden. Die französischen Besatzer setzten die preußischen Beamten, also auch Hoffmann, ab. Er war plötzlich arbeits- und mittellos. Wie sollte er in dieser Situation seinen Lebensunterhalt bestreiten? Nach einigem Überlegen entschied er sich, eine Karriere als professioneller Künstler anzustreben, so konnte er auch endlich seinen musikalisch-künstlerischen Ambitionen freien Lauf lassen. Er verweigerte den französischen Besatzern den Treueid auf Napoleon und siedelte nach Berlin über, wo sein Leben jedoch von Hunger und Not gekennzeichnet war. Der erhoffte Erfolg blieb zunächst aus.

Engagement in Bamberg Dies änderte sich erst 1808, als Hoffmanns Bewerbung auf die Stelle eines Musikdirektors in Bamberg angenommen wurde, wobei er auch dort erhebliche Schwierigkeiten zu überwinden hatte. Seine erste Aufführung wurde zu einem Misserfolg, er legte die Orchesterleitung nieder und musste seinen Lebensunterhalt anders verdienen. Er verfasste

E. T. A.-Hoffmann-Plastik vor dem E. T. A.-Hoffmann-Theater in Bamberg

Artikel für eine anerkannte Musikzeitung und gab Musikstunden. Außerdem erschien 1809 seine erste Erzählung, „Ritter Gluck", die auch zu Hoffmanns erstem literarischem Erfolg wurde. 1810 wurde die Leitung des Bamberger Theaters neu besetzt, und Hoffmann erhielt die Möglichkeit, als Direktionsassistent in unterschiedlichen Funktionen an den Inszenierungen des Theaters mitzuarbeiten. Das Bamberger Theater erlebte eine Blütezeit, die Arbeit Hoffmanns gestaltete sich erfolgreich.

Während seiner Bamberger Zeit verdiente Hoffmann einen Teil seines Lebensunterhalts damit, dass er Musikschüler unterrichtete. Zu diesen gehörte die anfangs dreizehnjährige Julia Marc, der er Gesangsunterricht erteilte. Im Laufe der Zeit entwickelte Hoffmann eine einseitige Liebe zu dem jungen Mädchen, das aus einer angesehenen Bamberger Familie stammte. Seine Gefühle blieben zunächst verborgen, fielen nach und nach aber immer mehr Menschen im Umfeld Hoffmanns auf. Er selbst schrieb darüber in seinem Tagebuch und fühlte sich aufgrund der unterdrückten Gefühle mitunter, als würde er wahnsinnig werden. Die Situation wurde für Hoffmann noch schlimmer, als Julias Mutter für ihre Tochter eine standesgemäße Verlobung arrangierte. Hoffmann war voller Eifersucht, und schließlich kam es zum Bruch mit der Familie Marc. Wie auch bei anderen Gelegenheiten verarbeitete Hoffmann seine Gefühle und Erfahrungen auf literarische Weise, in diesem Fall in seiner dialogisch angelegten und satirischen Erzählung „Nachricht von den neuesten Schicksalen des Hundes Berganza" (entstanden 1812/13). Der Hund, der ein Gespräch mit dem Ich-Erzähler führt, liebt die junge Cäcilia, die von ihrer Mutter an einen reichen Bewerber verheiratet werden soll. In der Hochzeitsnacht rettet Berganza die junge Frau vor ihrem Bräutigam. Der Hoffmann-Biograf Hartmut Steinecke sieht in dieser Darstellung „Wunschfantasien des Bamberger Kapellmeisters

Liebe zu Julia Marc

Hoffmann"[1]. Die Bezüge zu Hoffmanns Situation in Bamberg und seiner Liebe zu Julia Marc sind leicht nachzuvollziehen. Allerdings verfremdet und ironisiert Hoffmann seine Gefühle für die Gesangsschülerin dadurch, dass er einen Hund sprechen lässt, der zudem seine Gefühle für Cäcilia in übersteigerter und teilweise grotesker Weise schildert. Ohnehin verbietet sich eine einfache Gleichsetzung einer fiktiven Figur mit dem Autor, der zwar eigene Erfahrungen einbringt, aber trotzdem eine erfundene Figur schafft, in der unterschiedliche Ideen und Einflüsse verarbeitet werden.

Kapellmeister in Sachsen Angesichts seiner Situation in Bamberg kam für Hoffmann das Angebot, als Kapellmeister für die Seconda'sche Operntruppe in Sachsen zu arbeiten, gerade zur rechten Zeit. Er begab sich 1813 nach Dresden und war verantwortlich für Opernaufführungen in Dresden und Leipzig. Zugleich geriet er allerdings in die Wirren der Napoleonischen Kriege, die auch Sachsen schwer in Mitleidenschaft zogen. Bereits 1814 überwarf sich Hoffmann mit Joseph Seconda (1761–1820), der die Kompetenz seines Kapellmeisters infrage stellte und ihm schließlich kündigte.

Rückkehr in den Staatsdienst Doch noch im selben Jahr ergab sich für Hoffmann eine dauerhafte und sichere berufliche Perspektive. Durch die Vermittlung eines Freundes konnte er 1814 in den preußischen Staatsdienst zurückkehren, zunächst ohne Bezahlung, was sich aber später änderte. Hoffmann bewährte sich in der Wahrnehmung seiner Aufgaben, erlangte Respekt und Ansehen und machte Karriere.

Tätigkeit als Jurist 1816 wurde er zum Kammergerichtsrat ernannt, 1821 noch einmal befördert, was eine weitere Verbesserung seiner Einkommenssituation bedeutete. Er setzte sich in

---

[1] Hartmut Steinecke: E. T. A. Hoffmann. Stuttgart: Reclam Verlag 1997, S. 80.

dieser Position für Gerechtigkeit ein und traf auch solche Entscheidungen, die den Herrschenden nicht recht waren. Dies brachte ihn in Konflikt mit dem Ministerialdirektor im preußischen Polizeiministerium, Kamptz, den Hoffmann außerdem in einem seiner Werke satirisch kritisierte.

Dies führte zu einem Disziplinarverfahren gegen ihn, das jedoch nicht mehr zu Ende geführt wurde, da Hoffmann *Tod Hoffmanns*

am <u>25. Juni 1822</u> an einer schweren Krankheit, die zu einer fortschreitenden Lähmung geführt hatte, starb.

Zeit seines Lebens hatte Hoffmann sich auch als Komponist versucht. Er schuf zahlreiche Singspiele und Instrumentalwerke, darunter *Erfolge als Komponist*

E. T. A. Hoffmanns Grabstein

eine Sinfonie, also ein großes Orchesterwerk. Besonderen Erfolg hatte seine Oper „Undine", die 1816 uraufgeführt wurde und als erste romantische Oper gilt. Seine Versuche, musikalisch dauerhaft Karriere zu machen, waren allerdings nicht von Erfolg gekrönt.

Als Schriftsteller war Hoffmann weitaus erfolgreicher als als Komponist oder Kapellmeister. Nach einigen kürzeren *Erfolge als Schriftsteller* Veröffentlichungen brachte er 1809 seine Erzählung „Ritter Gluck" heraus. 1813 schloss er mit seinem Verleger Kunz, den er in Bamberg kennenlernte, einen Vertrag über eine Sammlung von Texten, die unter dem Titel „Fantasiestücke in Callot's Manier" erscheinen sollten. Bereits 1814 erschienen die ersten drei Bände dieser Reihe. Ein vierter folgte 1815. Hoffmann wurde schnell ein populärer und erfolgreicher Autor. 1819 wurde eine zweite Auflage der „Fantasiestücke" gedruckt. Der Autor verfasste innerhalb weniger Jahre eine große Zahl kürzerer und längerer Texte, die bei Lesern im In- und Ausland großen Anklang fanden, so z. B. die „Nachtstücke", die in zwei Bänden in den Jahren 1816/17 veröffentlicht wurden und an die Schauerliteratur der Zeit anknüpften, aber in der Darstellung innerer, psychischer Zustände und Prozesse deutlich darüber hinausgingen.

Erzählende Texte als bevorzugte Gattung

Hoffmann konzentrierte sich vor allem auf erzählende Texte, für die er zum Teil ungewöhnliche Gattungsbezeichnungen verwendete, z. B. „Fantasiestücke" oder „Nachtstücke". Auch etablierte Gattungsbezeichnungen wie „Märchen" nutzte er, gab ihnen aber in Texten wie „Der goldne Topf" eine neue Ausrichtung, indem er die Erzählung als „Ein Märchen aus der neuen Zeit" untertitelte. Dramatische und lyrische Texte schrieb Hoffmann nur in geringer Zahl.

Kunst, Musik, Literatur als Thema

Viele von Hoffmanns literarischen Werken weisen gleiche oder ähnliche Themen und Motive auf. Häufig thematisieren seine Texte Fragen der Bedeutung von Kunst, Musik und Literatur für den Menschen. Dies ist bereits in seiner Erzählung „Ritter Gluck" der Fall und gilt vor allem für die unter dem Titel „Kreisleriana" zusammengefassten Schriften, in denen die Ansichten und Erfahrungen des fiktiven Kapellmeisters Johannes Kreisler im Mittelpunkt stehen. Es ist unschwer zu erraten, dass sich Hoffmann in diese Figur in großem Umfang selbst einbrachte, wenngleich auch hier die einfache Gleichung Kreisler = Hoffmann nicht aufgeht. Mit Kreisler schuf Hoffmann nach einhelliger Meinung „die berühmteste Musikergestalt der Romantik"[1].

---

[1] Hartmut Steinecke: E. T. A. Hoffmann. Stuttgart: Reclam Verlag 1997, S. 68.

Die literarische Figur Kreisler ist, wie viele von Hoffmanns Hauptfiguren, ein Sonderling. Dies trifft auf den geheimnisvollen Fremden in der Erzählung „Ritter Gluck" ebenso zu wie auf Anselmus in dem Märchen „Der goldne Topf" oder auf Nathanael in Hoffmanns Nachtstück „Der Sandmann". Nathanael wird die quälenden Erinnerungen seiner Kindheit nicht los, Albträume und Ängste begleiten ihn zeit seines Lebens, was ihm ein ruhiges bürgerliches Leben schwer macht.

Sonderlinge

Ein weiteres zentrales Merkmal von Hoffmanns Texten ist die Zweiteilung der Welt. Auf der einen Seite stehen Fantasie, Traum und Einbildung, auf der anderen Wirklichkeit und Alltag. Die Erzähler in Hoffmanns Texten halten beide Seiten in einem „kunstvollen Schwebezustand"[1], der Leser weiß häufig nicht genau, wie er das Dargestellte einzuordnen hat. Diese Verunsicherung ist ein wichtiges Element von Hoffmanns Erzähltexten, deren Reiz und Erfolg gerade auch darin begründet liegt. Die Darstellung der Figuren und Handlungen bleibt mehrdeutig; ob sich etwas nur in der Fantasie oder im Traum einer der Figuren abspielt oder wirklich geschieht, ist oft absichtlich nicht zu entscheiden.

Einbildung und Wirklichkeit

Als Hoffmann 1822 im Alter von 46 Jahren starb, war er ein populärer und erfolgreicher Autor. Unter Schriftstellerkollegen in Deutschland wurde er jedoch nur von wenigen geschätzt. Mit Johann Wolfgang von Goethe (1749–1832) hatte Hoffmann einen der wichtigsten Autoren der Zeit gegen sich. „Goethe sah in Hoffmann einen Beweis für das Kranke in der Romantik"[2], da sich der Schriftsteller auch mit der dunklen Seite der menschlichen Seele beschäftigte. In Deutschland blieb Hoffmann nach seinem Tod weitgehend unbeachtet, was sich erst im 20. Jahrhundert wieder

Wirkungsgeschichte

---

[1] Hartmut Steinecke: E. T. A. Hoffmann. Stuttgart: Reclam Verlag 1997, S. 66.
[2] Susanne Gröble: Kompaktwissen E. T. A. Hoffmann. Stuttgart: Reclam Verlag 2008, S. 26.

änderte. Im Ausland dagegen, vor allem in Russland, Frankreich und England, erlangte er aus unterschiedlichen Gründen früh größere und dauerhafte Popularität.

Die Entstehung des Märchens „Der goldne Topf"

Kapellmeister in Sachsen

E. T. A. Hoffmanns Märchen „Der goldne Topf" entstand in den Jahren 1813/14. In dieser Zeit befand sich der Autor, nachdem er Bamberg verlassen hatte, in den sächsischen Städten Dresden und Leipzig. Dort arbeitete er als Kapellmeister für die Operngesellschaft von Joseph Seconda (1761–1820), die zwischen beiden Städten pendelte und dort Opern auf die Bühne brachte. Hoffmanns Hauptberuf war es demnach, Opernvorstellungen zu geben. Als Kapellmeister war er dabei mehr als nur der Dirigent, er trug weitgehende Verantwortung für den Verlauf der gesamten Aufführung.

Plan für ein Märchen

Er hatte sich jedoch ebenfalls vorgenommen, seine literarischen Ambitionen weiterzuverfolgen. Noch vor seiner Abreise aus Bamberg hatte er mit seinem Verleger Kunz vereinbart, eine Sammlung von Werken zu veröffentlichen. Im August 1813 teilte er dem Verleger mit, dass er besonders mit einem Märchen beschäftigt sei – gemeint kann hier nur das später unter dem Titel „Der goldne Topf" veröffentlichte Werk sein. In den folgenden Wochen behauptete Hoffmann, er befinde sich bereits bei der Niederschrift des Textes, tatsächlich begann er diese aber wohl erst im November 1813 und er schloss sie im Februar 1814 ab. Vermutlich beschäftigte er sich jedoch in der Zeit davor zumindest gedanklich mit seinem Projekt. Da die Tätigkeit für Seconda im Vordergrund stand, war Hoffmann vielfach mit der Vorbereitung der Aufführungen beschäftigt. Zudem verfasste er parallel Artikel zu musikalischen Themen. Andererseits sagte Hoffmann selber, dass er die produktivsten Arbeitsstunden auf das Schreiben des Märchens verwandt habe, was deutlich macht, dass ihm persönlich das literarische Schaffen wichtiger war als die Tätigkeit als Kapellmeister.

Für die Einordnung und das Verständnis des Werkes ist es wichtig, sich die politischen Verhältnisse vor Augen zu führen, die herrschten, während sich Hoffmann in Sachsen aufhielt. Es war die Zeit der Kriege Frankreichs unter seinem Herrscher Napoleon auf der einen und seinen Gegnern, allen voran Preußen und Russland, auf der anderen Seite. Der sächsische König war mit Napoleon verbündet und so wurde Sachsen zum Kriegsschauplatz und Schlachtfeld, was Hoffmann unmittelbar miterlebte. In Briefen berichtet er selbst von der bedrückenden Atmosphäre und den grausamen Ereignissen. Menschen mit schrecklichen Verwundungen, Kranke und Tote gehörten für eine gewisse Zeit zu seinem Alltag.

Napoleonische Kriege

Bereits Ende August 1813 kam es zu einer großen Schlacht um Dresden, die Napoleon noch zu seinen Gunsten entscheiden konnte. Die Vororte Dresdens wurden zum Teil zerstört, zahlreiche Verwundete kamen in die Stadt, der Krieg war für die Bewohner Dresdens ganz nahe. Hoffmann befand sich zu dieser Zeit bereits in der Stadt und erlebte all dies mit. Im Oktober unterlag das französische Heer in der Völkerschlacht bei Leipzig seinen Gegnern, Napoleon und seine Truppen mussten sich zurückziehen. Ein Teil der französischen Armee verbarrikadierte sich in Dresden, welches daraufhin von den gegnerischen Truppen abgeriegelt und belagert wurde. In der Stadt herrschten Hunger, Krankheit und Tod. Gleichzeitig wurden aber weiterhin Opernaufführungen gegeben, die Hoffmann dirigierte. Dieser Widerspruch beschäftigte ihn sehr. Am 10. November 1813 kapitulierten die Franzosen in Dresden und verließen die Stadt. Damit war auch der Weg nach

Schlacht um Dresden

Leipzig wieder frei, sodass die Seconda'sche Operngesell-schaft unter der Leitung Hoffmanns dort auftreten konnte.

Märchen als
Wirklichkeits-
flucht Vor dem Hintergrund der schrecklichen Ereignisse der Zeit kann das Märchen „Der goldne Topf" auch als eine Flucht aus bzw. vor der Wirklichkeit gedeutet werden. Hoffmann hätte in diesem Sinne gezielt eine utopische Märchenwelt geschaffen, um ein Gegenbild zu der als bedrückend emp-fundenen Wirklichkeit zu entwickeln. Diese Art der Reali-tätsflucht wird oft als Eskapismus bezeichnet. Betrachtet man Hoffmanns Erlebnisse und Erfahrungen in Dresden, so ist es gut vorstellbar, dass die Beschäftigung mit dem Mär-chen „Der goldne Topf" für ihn eine Art der Wirklichkeits-flucht darstellte. Auffällig ist, dass der erste Beleg für Hoff-manns Arbeit an dem Text aus dem August 1813 stammt, dem Monat, in dem die Schlacht um Dresden stattfand. Auch Anselmus als Hauptfigur des Märchens geht einen Weg, der ihn von der als unbefriedigend empfundenen Ge-genwart in Dresden ins sagenhafte Atlantis – einen uto-pisch-märchenhaften Ort – führt, wo er glücklich mit der Geliebten leben kann. Die Figuren des Märchens und am Ende sogar der Erzähler flüchten sich wiederholt in den Alkohol, der es ihnen ermöglicht, statt der eigenen Lebens-wirklichkeit auch einmal etwas Wunderbares und Mär-chenhaftes zu sehen und zu erleben.

Veröffentlichung
als „Fantasie-
stück" Das Märchen „Der goldne Topf" wurde 1814 im ersten Band der „Fantasiestücke", deren Veröffentlichung Hoff-mann mit seinem Verleger Kunz verabredet hatte, abge-druckt. Die Sammlung erhielt den vollständigen Titel „Fan-tasiestücke in Callot's Manier. Blätter aus dem Tagebuche eines reisenden Enthusiasten" und umfasste in ihrer Art sehr unterschiedliche Texte. Mit der Formulierung des Ti-tels knüpfte Hoffmann an den lothringischen Künstler Jacq-ues Callot (1592 – 1635) an, an dessen Art der Gestaltung sich der Schriftsteller im Grundsatz orientieren wollte. Ihn faszinierten an Callots Werken, vor allem Kupferstichen,

Titelblatt der Erstausgabe der „Fantasiestücke in Callot's Manier" (Bamberg 1814)

u. a. die Vielfältigkeit, der Detailreichtum und die Subjektivität der Darstellung.

Durch den Untertitel wird außerdem mit dem „reisenden Enthusiasten" eine fiktive Erzählerfigur eingeführt, hinter der wiederum ein fiktiver Herausgeber steht, der die „Blätter aus dem Tagebuche" angeblich ausgewählt hat.

Die Gattungsbezeichnung „Fantasiestücke" deutet darauf hin, dass Hoffmann, seinen Neigungen entsprechend, verschiedene künstlerische Bereiche miteinander verbinden wollte, da der Begriff „Fantasie" in der Musik gängiger ist als in der Literatur. In der Musik bezeichnet er ein Musikstück, das im Gegensatz zur streng aufgebauten Fuge weniger Regeln unterworfen ist. Zu Hoffmanns Ansatz, Musik, bildende Kunst und Literatur zu verbinden, passt auch die Wahl von Callot als Bezugspunkt im Titel des Werkes.

Zur Einordnung in die Epoche der Romantik

In der Geschichte der deutschen Literatur wird im Allgemeinen die Zeit von ca. 1790 – es werden häufig unterschiedliche Jahre der 1790er als Beginn genannt – bis 1835 als Epoche der Romantik bezeichnet. Da die Autoren und Werke dieser Zeit, obwohl sie durch gemeinsame Merkmale und Überzeugungen verbunden werden, sehr

Epoche der Romantik:
ca. 1790 – 1835

unterschiedlich sind, versucht man, durch chronologische Unterteilungen wie Früh-, Hoch- und Spätromantik oder durch die Unterscheidung verschiedener Gruppen wie z. B. Jenaer, Berliner oder Heidelberger Romantik Ordnung in die sehr vielfältige Epoche zu bringen. Gleiches gilt für die Bezeichnung von besonderen Strömungen innerhalb der Romantik wie z. B. der sog. Schwarzen Romantik, der E. T. A. Hoffmann zugerechnet wird.[1]

Begriffe Romantik bzw. romantisch im Alltag

Der literaturwissenschaftliche Gebrauch der Begriffe Romantik bzw. romantisch ist dabei von unserem Alltagssprachgebrauch zu unterscheiden. Im Alltag kennzeichnet das Adjektiv romantisch häufig eine Situation, die wir in emotionaler Hinsicht als besonders positiv empfinden. Dies betrifft in der Regel die Beziehung bzw. Begegnung zwischen zwei Menschen, die sich lieben. So findet man das Adjektiv häufig in Wendungen wie „eine romantische Begegnung" oder „ein romantischer Mensch". Aber auch ein Naturphänomen wie ein Sonnenuntergang, den wir als etwas Besonderes erleben, kann als romantisch bezeichnet werden, um auszudrücken, wie sehr uns die Situation innerlich berührt.

Romantik in der Literaturgeschichte

Mit Blick auf die Geschichte der deutschen Literatur kennzeichnet der Begriff des Romantischen eine künstlerische und literarische Strömung der Zeit um 1800, die sich in ihrer Kunstauffassung, ihrem Menschenbild und ihren Vorstellungen des Verhältnisses von Mensch und Natur zumindest teilweise von anderen Strömungen der Zeit bzw. vorangegangener Jahrzehnte abhob.

Begriffsgeschichte

Im 18. Jahrhundert verwendete man das Adjektiv romantisch zunächst vor allem in der Bedeutung von „romanhaft", „erzählend". Damit verbunden waren „Märchenhaftes und Wunderbares, Ur- und Altertümliches, Volkstümliches und Kindliches, Seltsames und

---

[1] Siehe Kapitel „Hintergründe", S. 85 ff.

Fernes, Ritterlich-Mittelalterliches – schließlich dann auch Nächtlich-Dunkles, Gespenstisches, Grausiges, Schrecken-erregendes"[1]. In der Zeit um 1800 wurde der Begriff des Romantischen immer mehr mit dem des Modernen verbunden. Man sah hierin eine Abkehr von der Orientierung der Epoche der Klassik am Vorbildcharakter der Antike. Auch deutsche Philosophen und Schriftsteller, die der Epoche der Romantik zugeordnet werden, benutzten den Begriff des „Romantischen" bereits. In anderen europäischen Ländern bürgerte er sich erst später ein.

Die Autoren und Werke der Epoche der Romantik sind nur zu verstehen vor dem Hintergrund der zentralen literarischen Strömungen des 18. Jahrhunderts, der Epoche der Aufklärung (ca. 1720–1785) und der Epoche der Klassik (ca. 1786–1832). Der Einfluss der Epoche der Klassik ergibt sich schon daraus, dass die Epoche der Romantik und die Epoche der Klassik sich zeitlich überschnitten und Johann Wolfgang von Goethe (1749–1832), neben Friedrich Schiller (1759–1805) einer der beiden zentralen Vertreter der literarischen Klassik, großen Einfluss auf die Schriftsteller der Zeit um 1800 hatte. Die Ideen der Epoche der Aufklärung waren, auch wenn die literaturgeschichtliche Epoche im engeren Sinn vor Beginn der Epoche der Romantik endete, in der Zeit um 1800 präsent und einflussreich. Die von E. T. A. Hoffmann besuchte Burgschule in Königsberg stand z. B. unter dem Einfluss aufklärerischer Ideen, sodass er bereits früh mit diesen in Kontakt kam und von ihnen geprägt wurde.

Vorläufer: Epoche der Aufklärung und Epoche der Klassik

Für viele romantische Autoren war außerdem der Einfluss des englischen Romans des 18. Jahrhunderts von Bedeutung, der die moderne Form der Gattung prägte. Die Gefühle, Erlebnisse und Entwicklung der Hauptfigur waren

Englische Vorromantik

---

[1] Monika Schmitz-Emans: Einführung in die Literatur der Romantik. Darmstadt: Wissenschaftliche Buchgesellschaft ³2009, S. 8.

in diesen Romanen besonders wichtig. Die englische Gothic Novel wurde zum Vorbild für den romantischen Schauerroman, wie er bei E. T. A. Hoffmann als Vertreter der Schwarzen Romantik zu finden ist.[1]

Epoche der Aufklärung und Epoche der Romantik: kein Gegensatz

Während früher die Epoche der Romantik häufig als Gegenbewegung zur Epoche der Aufklärung verstanden wurde, die dem aufgeklärten Vernunftdenken eine stärkere Gefühlsorientierung entgegensetzte, begreift man heute die Romantiker eher als Erben oder Nachfolger der Autoren der Aufklärung. Einige der romantischen Autoren wurden in einem überwiegend aufklärerisch geprägten Umfeld groß. Die Romantiker wandten sich vor allem gegen eine bestimmte Spielart der Epoche der Aufklärung, wie sich in der romantischen Philisterkritik[2] zeigt. Als Philister wurden Menschen angesehen, die das aufklärerische Vernunftdenken auf die Frage reduzierten, was in einer bestimmten Situation nützlich sein könnte.

Leitideen der Epoche der Aufklärung: Selbstbestimmung, Freiheit, Rationalismus

Die Epoche der Aufklärung nahm als gesamteuropäische Bewegung ihren Ausgang von England und Frankreich, in Deutschland wird im Allgemeinen das 18. Jahrhundert als Jahrhundert der Aufklärung verstanden. Im engeren Sinne ist hiermit die Zeit von 1720 bis 1785 gemeint. Wichtige Leitideen der Epoche der Aufklärung waren Selbstbestimmung und Freiheit des Menschen sowie die Anwendung des menschlichen Verstandes (Rationalismus), mit dem der Mensch selbstständig denkend überlieferte Vorstellungen überprüfen und ggf. ändern sollte. Immanuel Kant (1724–1804), der berühmteste deutsche Philosoph der Epoche der Aufklärung, der in E. T. A. Hoffmanns Heimatstadt Königsberg lehrte, fasste dies programmatisch in dem berühmten Satz zusammen: „Aufklärung ist der Ausgang des Menschen aus seiner selbst verschuldeten

---

[1] Siehe Kapitel „Hintergründe", S. 85 ff.
[2] Siehe Kapitel „Hintergründe", S. 100.

Unmündigkeit."[1] Die Orientierung an Verstand und Vernunft vertreten im Märchen „Der goldne Topf" vor allem die bürgerlichen Figuren, der Konrektor Paulmann und der Registrator Heerbrand. Beide versuchen immer wieder, für die märchenhaften Vorgänge rationale Erklärungen zu finden. Bei Anselmus ist dies zu Beginn ähnlich, er entwickelt sich jedoch dahingehend, dass er das Märchenhaft-Wunderbare zunehmend akzeptiert und sich schließlich ganz darauf einlässt.

Die Leitideen der Aufklärer prägten auch die Autoren der Epoche der Romantik, wenngleich Schriftsteller wie E. T. A. Hoffmann zeigten, wo die inneren Grenzen der menschlichen Selbstbestimmung liegen. Eine Figur wie Nathanael aus der Erzählung „Der Sandmann" wird so sehr von Ängsten und Albträumen beeinflusst, dass er in diesem Sinne nicht mehr frei entscheiden und über sich selbst bestimmen kann.

Der Epoche der Aufklärung lag ein optimistisches Bild vom Menschen zugrunde. Man ging davon aus, dass der Mensch mit Verstand und Vernunft begabt ist. Mit dem Vertrauen auf die Vernunft des Menschen war ein optimistischer Glaube an den Fortschritt (Progression) und die Verbesserung des einzelnen Menschen und der Menschheit insgesamt verbunden. Vor diesem Hintergrund entwickelten die Aufklärer Ideen von Menschenrechten, Gleichheit und Toleranz, die bis heute die Grundlage moderner demokratischer Gesellschaften bilden. Diesen positiven Fortschrittsglauben teilten viele romantische Autoren, es gab jedoch auch Schriftsteller, die von einem negativeren Menschenbild ausgingen und dies in ihren Werken zum Ausdruck brachten. Auch in einigen Werken E. T. A. Hoffmanns, die der sog. Schwarzen Romantik zugerechnet werden, ist

Optimistisches Menschenbild

---

[1] Immanuel Kant: Beantwortung der Frage: Was ist Aufklärung?, Kapitel 1, 1784.

dies zu spüren. Dahinter stand u. a. das Gefühl der Bedrohung durch die tief greifenden Veränderungen der Umbruchzeit um 1800.

Kritik der Romantiker am Vorrang der Vernunft

Die Romantiker stellten den Vernunftglauben der Epoche der Aufklärung nicht grundsätzlich infrage, kritisierten aber die Vorrangstellung und die aus ihrer Sicht einseitige Betonung von Verstand und Vernunft. Autoren wie Novalis (Friedrich von Hardenberg, 1772–1801) machten ihre Kritik an einer rein vernunftorientierten Denkweise deutlich, indem sie bemängelten, dass kein Raum mehr für Poesie, Fantasie und Kreativität bleibe. Novalis entwickelte ein Ideal der Ganzheitlichkeit, das den Menschen wieder mit sich selbst und der Natur in Einklang bringen sollte, wie er es in seinem um 1800 entstandenen Gedicht „Wenn nicht mehr Zahlen und Figuren …", das heute als zentrales Beispiel für die romantischen Vorstellungen gilt, ausdrückte:

Novalis (Friedrich von Hardenberg)

„Wenn nicht mehr Zahlen und Figuren
Sind Schlüssel aller Kreaturen,
Wenn die, so singen oder küssen,
Mehr als die Tiefgelehrten wissen,
Wenn sich die Welt ins freie Leben,
Und in die Welt zurückbegeben,
Wenn dann sich wieder Licht
    und Schatten
Zu echter Klarheit wieder gatten,
Und man in Märchen und Gedichten
Erkennt die wahren Weltgeschichten,
Dann fliegt vor Einem geheimen Wort
Das ganze verkehrte Wesen fort."[1]

---

[1] Novalis: Wenn nur noch Zahlen und Figuren … Aus: Ders.: Schriften. Bd. 1. Stuttgart: Kohlhammer 1960, S. 360.

Das Verstandesdenken sollte also ergänzt werden durch das Emotionale, Fantasievolle, Wunderbare. Dabei sahen die Romantiker Verstand und Gefühl nicht als sich ausschließende, sondern als notwendig zusammengehörige und sich ergänzende Gegensätze; bildlich gesprochen waren Verstand und Gefühl also wie Tag und Nacht.

Als Aufgabe von Kunst und Literatur galt es vor diesem Hintergrund, die Welt durch künstlerische und poetische Mittel wieder zu verzaubern, zu romantisieren, und so zu zeigen, dass die Welt mehr ist als die mit dem Verstand wahrnehmbare und erläuterbare Realität. Diese Vorstellung drückte der romantische Schriftsteller Joseph von Eichendorff (1788–1857) in seinem Gedicht „Wünschelrute" 1835 so aus:

Aufgabe von Kunst und Literatur

„Schläft ein Lied in allen Dingen,
Die da träumen fort und fort,
Und die Welt hebt an zu singen,
Triffst du nur das Zauberwort."[1]

Joseph von Eichendorff

Die Einordnung E. T. A. Hoffmanns in die Epoche der Romantik ist insofern schwierig, als er zwar wichtige Impulse der Zeit aufnimmt und in seinen Werken verarbeitet, gleichzeitig aber als Begründer der sog. Schwarzen Romantik mit ihrem negativeren Menschenbild eine Sonderrolle einnimmt. Sein Märchen „Der goldne Topf" gilt allerdings bis

Einordnung Hoffmanns

---

[1] Joseph von Eichendorff: Wünschelrute. Aus: Ders.: Werke in einem Band. München: Hanser ³1984, S. 103.

heute als ein zentraler Text für die romantische Literatur, da er die romantische Zweiteilung der Welt in einen realistisch-alltäglichen und einen fantastisch-wunderbaren Teil beispielhaft vorführt und außerdem die Frage nach der Rolle der Literatur in diesem Zusammenhang aufwirft. Anselmus kann vor diesem Hintergrund als typisch romantische Figur gesehen werden.

Sehnsucht als romantisches Kernmotiv

Das Motiv der Sehnsucht gilt als eines der romantischen Kernmotive, das in vielen Texten der Zeit und in unterschiedlichen Ausprägungen vorkommt, z. B. als Sehnsucht nach einem geliebten Menschen, nach Veränderung und neuen Erfahrungen, nach der Ferne – meistens verbunden mit den Motiven des Reisens und Wanderns –, nach einer neuen Einheit zwischen Mensch und Natur oder sogar als Sehnsucht nach dem Tod. Unter dem Eindruck der Veränderungen der Zeit um 1800 thematisierten die Schriftsteller der Epoche der Romantik immer wieder das Verhältnis des Menschen zur Natur, die in der romantischen Dichtung als Ort der Ruhe erscheint, wo der Mensch wieder zu sich selbst finden kann. In ihrer Gegenwart schien den Romantikern der Mensch der Natur entfremdet worden zu sein, was sie als schmerzhaften Verlust einer von ihnen gewünschten Einheit von Mensch und Natur empfanden. Das Geschichtsbild der romantischen Philosophie geht von dieser ursprünglichen Einheit aus, die es in der Zukunft in einem neuen „Goldenen Zeitalter" wieder zu erreichen gelte. Hierauf richtete sich die romantische Sehnsucht. Auch hier findet sich der aufklärerische und romantische Glaube an die Entwicklung der Menschheit in eine positive Richtung. Das Motiv der Sehnsucht ist in Hoffmanns Märchen „Der goldne Topf" in vielfältiger Weise ausgeprägt. Anselmus' Sehnsucht nach Serpentina ist zunächst das Verlangen nach einem geliebten Wesen, zugleich aber verbunden mit der Hoffnung auf ein neues „Goldenes Zeitalter", das Anselmus und Serpentina schließlich in Atlantis finden. Hier ist auch die Einheit von Mensch und Natur wiederhergestellt. Hoffmann wäre jedoch nicht Hoffmann, wenn diese Wiederherstellung des gewünschten Idealzustandes nicht ironisch gebrochen würde. Die Verwirklichung der Utopie ist nur im sagenhaften Atlantis möglich, nicht in der Alltagswelt. Der Erzähler erfährt von diesem neuen „Goldenen Zeitalter" nur durch eine Vision, die ihm eine seiner Figuren ermöglicht und die er unter Alkoholeinfluss erlebt. Letztendlich sind die Erfüllung der romantischen Hoffnungen und die Herstellung eines Idealzustandes nur in der Literatur möglich, „in der Poesie, der sich der heilige Einklang aller Wesen als tiefstes Geheimnis der Natur offenbaret" (S. 93, Z. 10 ff.), wie es der Archivarius Lindhorst im letzten Satz des Märchens mit einer rhetorischen Frage formuliert.

Die Schwarze Romantik

E. T. A. Hoffmann gilt als Begründer der sog. Schwarzen Romantik. In der Literatur zur Epoche der Romantik findet man auch die Begriffe „Schauerromantik" und „Nachtseite der Romantik" für dieses Phänomen.

Die Schwarze Romantik ging im Gegensatz zur Epoche der Aufklärung von einem eher pessimistischen Menschenbild aus. Während die Epoche der Aufklärung ein optimistisches Menschenbild zugrunde gelegt hatte, das den Glauben beinhaltete, dass der einzelne Mensch und die Menschheit insgesamt gebessert werden könnten, betonte die Schwarze Romantik die dunklen Seiten der menschlichen Psyche und verneinte die optimistische Grundhaltung der Aufklärer.

Pessimistisches Menschenbild

Die politische und soziale Umbruchsituation um 1800 – ausgehend von den Ideen der Epoche der Aufklärung, der Französischen Revolution, der Herrschaft Napoleons und

Hintergründe: Umbruchsituation um 1800

der beginnenden Industrialisierung – führte bei vielen Menschen zu einem Gefühl der Bedrohung und Verunsicherung. Daraus resultierte die Idealisierung einer scheinbar besseren und heilen Vergangenheit, die man im Mittelalter zu finden glaubte, aber auch zu einem wachsenden Interesse an der menschlichen Psyche. Die „Entdeckung des Unbewussten als heimliche Antriebskraft des Menschen ist eine wesentliche Errungenschaft der Epoche"[1].

Interesse an psychischen Erkrankungen

Im Zuge der Ausbreitung aufklärerischer Ideen im 18. Jahrhundert hatte sich der Umgang mit psychisch beeinträchtigten Menschen verändert. Lange Zeit waren Menschen, die an psychischen Erkrankungen litten, in Zuchthäusern eingesperrt und häufig mit Ketten fixiert worden, sodass die Kranken lediglich dahinvegetierten. Im 18. Jahrhundert wurden vermehrt Forderungen nach einem anderen, menschlicheren Umgang mit diesen Menschen laut. Man begriff ihren Zustand nun als eine Krankheit, die man behandeln konnte, und leitete daraus die Fragen ab, worin die Ursachen für solche Erkrankungen liegen könnten und mit welchen Therapieformen man den Kranken helfen könnte. Eine wichtige Rolle bei diesen Veränderungen spielten der französische Arzt Philippe Pinel (1745–1826) und der deutsche Mediziner Johann Christian Reil (1759–1813), dessen Vorlesungen u. a. der romantische Schriftsteller Joseph von Eichendorff (1788–1857) hörte. Im Zusammenhang mit Strafprozessen spielte um 1800 die Frage der Schuldfähigkeit der Angeklagten erstmals eine Rolle. Das Dramenfragment „Woyzeck" (1837) des deutschen Schriftstellers Georg Büchner (1813–1837) geht von einem tatsächlichen Mordfall aus, in dem die Frage der Schuldfähigkeit eine wichtige Rolle gespielt hatte und begutachtet worden war. Büchner geht in seinem Drama der

---

[1] Timotheus Schwake: E. T. A. Hoffmann. Der Sandmann … verstehen. Paderborn: Schöningh Verlag 2013, S. 76 f.

Frage nach, welche Einflüsse die Titelfigur Franz Woyzeck zu einem von ihm begangenen Mord gebracht haben. Der Zuschauer kann dabei die zunehmende geistige Verwirrung der Hauptfigur mitverfolgen. Bei Büchner, der Epoche des sog. Vormärz (ca. 1830–1848) zugerechnet wird, also einer späteren Epoche als der Romantik, sind es vor allem gesellschaftliche Faktoren, die Woyzeck in den Wahnsinn treiben: Armut, Benachteiligung, Perspektivlosigkeit, Überheblichkeit der Mächtigen und egoistische Ausnutzung von Woyzecks Notlage.

Das beschriebene Interesse der Zeitgenossen an der menschlichen Psyche ist auch bei E. T. A. Hoffmann zu finden. Ihn beschäftigt das Innenleben seiner Figuren, häufig stellt er nur ihre subjektiven Wahrnehmungen dar, sodass regelmäßig unklar bleibt, was wirklich geschieht und was nur in der Einbildung einer Figur existiert. Der Autor interessiert sich in seinen Werken immer wieder für das Un- und Unterbewusste, für die Kräfte, die im Menschen wirken und ihn beeinflussen. Damit war er in seiner Zeit überaus modern.

Hoffmanns Interesse am Innenleben seiner Figuren

Außerdem stellt Hoffmann in seinen Werken regelmäßig unheimliche, unerklärliche, geheimnisvolle und schauerliche Begebenheiten und ihre Auswirkungen auf seine Figuren dar. Dabei knüpfte er z. B. an den aus England kommenden Schauerroman, die Gothic Novel, an. In England war diese Gattung in der zweiten Hälfte des 18. Jahrhunderts entstanden und schnell populär geworden. Hoffmann bediente sich zahlreicher Elemente der Schauerliteratur. Unheimliche Gemäuer, Geistererscheinungen, unerklärliche Vorgänge – all dies trug zur Popularität von Hoffmanns Werken beim zeitgenössischen Lesepublikum bei. So galt er auch als „Gespenster-Hoffmann", wobei es ihm aber nicht um den äußerlichen Effekt ging, sondern vor allem um die Innenwelt seiner Protagonisten. Dabei ließ Hoffmann mitunter seine Figuren darüber nachdenken oder streiten, wie die unheimlichen Begebenheiten zu

Elemente des Schauerromans bei Hoffmann

erklären seien und ob es, im Sinne der Epoche der Aufklärung, eine rationale Erklärung geben könnte.

Geister-erscheinungen Dies trifft z. B. auf seine Erzählung „Das Majorat" zu, die aus Hoffmanns Sammlung „Nachtstücke" stammt und 1817 veröffentlicht wurde. Der Ich-Erzähler erlebt hier relativ zu Beginn der Handlung eine tatsächliche oder vermeintliche Geistererscheinung. Er bemüht sich selbst um eine rationale Erklärung der Geschehnisse, erlebt andererseits die unheimlichen Vorgänge als sehr real und beängstigend. Wie die Figuren in Hoffmanns Märchen „Der goldne Topf" stellt sich auch der Ich-Erzähler in der Erzählung „Das Majorat" die Frage, ob der Genuss von Alkohol ihn dazu gebracht habe, an die sonderbaren und übernatürlichen Dinge zu glauben.

Das Werk „Der Sandmann" als psychologische Studie Die Abgründe der menschlichen Psyche mit den Ängsten und Traumatisierungen, die sie beeinflussen, interessierten Hoffmann sehr. Die Hauptfigur seiner Erzählung „Der Sandmann", ebenfalls in der Sammlung „Nachtstücke" erschienen, ist ein junger Mann, Nathanael, der seine frühen kindlichen Albträume und Ängste während seines gesamten Lebens nicht loswird. Er verfällt zunehmend dem Wahnsinn, in seiner Wahrnehmung sind Einbildung, Traum bzw. Albtraum und Realität nicht mehr klar voneinander zu trennen. Die Handlung endet mit dem Suizid Nathanaels, ausgelöst durch eine Wahnvorstellung. Da der Leser vieles aus Nathanaels Perspektive erfährt, erlebt er auch hier die für Hoffmann typische Verunsicherung, wie man sie beim Lesen des Märchens „Der goldne Topf" erfährt.

Verunsicherung des Lesers

Elemente der Schwarzen Romantik in der Erzählung „Der goldne Topf" Das Märchen „Der goldne Topf" lässt sich als Ganzes nicht der Schwarzen Romantik zuordnen, da es in seiner Grundstimmung zu optimistisch ist und für fast alle Figuren zu einer Art Happyend führt. Dennoch enthält der Text Elemente der Schwarzen Romantik. Zu nennen ist hier zunächst, dass das Innenleben der Figuren, dass ihre subjektiven Wahrnehmungen eine große Rolle spielen. So erlebt

Innenleben der Figuren

der Leser die in der ersten Vigilie dargestellte Begegnung von Anselmus und Serpentina im Holunderbusch aus der Perspektive der männlichen Hauptfigur. Dies führt hier und an anderen Stellen immer wieder dazu, dass der verunsicherte Leser nicht weiß, was wirklich geschieht und was nur eingebildet ist. Dies ist besonders bedeutsam, da im Laufe der Handlung ja zahlreiche übernatürliche Vorgänge dargestellt werden – Magie wird eingesetzt, Menschen verwandeln sich in Tiere und Gegenstände, unheimliche Dinge geschehen. Eine unheimliche Atmosphäre wird durch die Wahl und genaue Schilderung unheimlicher Orte geschaffen. Dies gilt vor allem für die Hexenstube der Rauerin und für den Ort, an dem sie mit Veronika den Liebeszauber durchführt. Hier gelingt es dem Erzähler, eine gruselig-schauerliche Atmosphäre zu schaffen.

Übernatürliche Vorgänge

Unheimliche Orte

Einzelne Elemente der Handlung können auch als Auseinandersetzung mit menschlichen Ängsten und Albträumen verstanden werden. So nimmt Anselmus' Gefangenschaft in der Kristallflasche die Angst vor dem Eingesperrtsein, der Bewegungsunfähigkeit und dem Ersticken auf. Die Szene kann zudem als angstbesetzte Metapher für ein fremdbestimmtes Leben gedeutet werden. Diese Vorstellung lässt sich auch auf andere Elemente der Handlung übertragen, die als Ausdruck der menschlichen Angst vor anonymen Mächten, die das menschliche Leben beeinflussen, gelesen werden können. Ein Symbol hierfür könnte der Zauberspiegel sein, mit dessen Hilfe Veronika Anselmus für sich gewinnen möchte.

Menschliche Ängste

Die Erzählung „Der goldne Topf" als Märchen

Der Autor E. T. A. Hoffmann bezeichnet seine Erzählung selbst als „Ein Märchen aus der neuen Zeit". Damit knüpft er an eine traditionelle Gattung an, die zur Zeit der Roman-

Volks- und Kunstmärchen

tik sehr beliebt war und von vielen Autoren der Zeit genutzt wurde. Dabei bietet es sich an, zwischen Volksmärchen und Kunstmärchen zu unterscheiden; eine Unterscheidung, die auch in der Zeit der Romantik bereits vorgenommen wurde.

Merkmale des Volksmärchens

Das Volksmärchen geht zurück auf eine ursprünglich mündliche Überlieferung, es hat keinen namentlich bestimmbaren Autor. Viele heute noch bekannte Volksmärchen sind von den beiden Brüdern Jacob (1785–1863) und Wilhelm Grimm (1786–1859) gesammelt und aufgezeichnet worden. Von 1812 an gaben sie diese Märchen, die unsere Vorstellungen von der Gattung bis heute prägen, in mehreren Auflagen unter dem Titel „Kinder- und Hausmärchen" gedruckt heraus. Allerdings griffen die Grimms auch in die von ihnen herausgegebenen Texte ein. Schon allein die Verschriftlichung bedeutete eine Abkehr von der mündlichen Überlieferung und der damit verbundenen stetigen Veränderung der Texte. Mit der Verschriftlichung und erst recht mit dem Druck entstand eine quasi verbindliche und einheitliche Fassung. Außerdem griffen die Grimms in die Texte ein, sie überarbeiteten und glätteten sie in sprachlicher Hinsicht. Hinzu kam, dass sie für ihre Sammlung eine Auswahl von Texten vornahmen.

Das Volksmärchen ist zunächst dadurch gekennzeichnet, dass es in einer unbestimmten Vergangenheit und an einem unbestimmten Ort angesiedelt ist. Ersteres macht die formelhafte Wen-

Gemälde: Die Brüder Grimm bei der Märchenerzählerin Dorothea Viehmann in Niederzwehren

dung „Es war einmal …", mit der viele Märchen beginnen, deutlich. Solche formelhaften Wendungen sind ein weiteres Merkmal des Volksmärchens. Des Weiteren besitzen Volksmärchen nur einen Handlungsstrang. Es gibt eine Haupthandlung, die sich an der Hauptfigur bzw. den Hauptfiguren des jeweiligen Märchens orientiert, aber keine Nebenhandlungen. Die Märchenfiguren sind in der Regel keine Individuen, was bereits daran erkennbar ist, dass sie oft keine Namen tragen, sondern über ihren Beruf („der Schneider") oder ihre soziale Rolle („der Prinz") gekennzeichnet werden. Die Märchenfiguren sind einfach gestaltet, ihr Innenleben, ihre Psyche, wird nicht dargestellt, eine innere Entwicklung machen sie dementsprechend in der Regel nicht durch. Sie lassen sich nach einfachen Gegensatzpaaren ordnen, sie sind entweder gut oder böse, ehrlich oder verlogen, klug oder dumm, tapfer oder feige. Die Märchenwelt ist klar in Gut und Böse eingeteilt. Die Märchenfiguren können einer alltäglichen, aber auch einer magisch-wunderbaren Welt entstammen, es sind also einerseits Bauern, Handwerker, Adlige, andererseits Feen, Hexen oder Zauberer. Die Alltagswelt und die magisch-wunderbare Welt treffen direkt aufeinander, sie erscheinen nicht als getrennt, sondern begegnen sich auf einer Ebene. Wunderbare, übernatürliche, magische Handlungen treten häufig auf, die Naturgesetze sind außer Kraft gesetzt. Tiere können sprechen, Menschen mit ihnen reden. Am Anfang des Märchens stehen oft eine Notlage und eine Aufgabe, die die Märchenheldin bzw. der Märchenheld bewältigen muss. Dabei spielen häufig magische Zahlen (vor allem die Drei, z. B. drei Aufgaben oder drei Wünsche, und die Sieben, z. B. sieben Zwerge, sieben Berge, sieben Raben, sieben auf einen Streich) eine Rolle. Die Grundhaltung des Volksmärchens ist optimistisch, am Ende siegt das Gute und die Heldin bzw. der Held wird belohnt. Dieser Ausgang entsprach und entspricht der Erwartung des Publikums, das sich wünscht, dass die im eigenen Alltag erlebten Ungerechtigkeiten zumindest auf der Ebene des Märchens ausgeglichen werden. Da das Volksmärchen aus einer mündlichen Überlieferung stammt und für ein breites Publikum bestimmt war, ist seine Sprache zumeist einfach und anschaulich gehalten sowie der Alltagssprache angenähert.

Merkmale des Kunstmärchens

Das Kunstmärchen nimmt viele Merkmale des Volksmärchens auf, unterscheidet sich von diesem aber zuallererst dadurch, dass es einen namentlich bekannten Autor hat, dessen individuelle Schöpfung es ist und der es schriftlich festhält. Er verfasst seinen Text in der Regel in einer literarisch gestalteten Sprache. Die Figuren sind nicht so eindimensional angelegt wie im Volksmärchen, sondern häufig komplexe Charaktere, deren Handeln psychologisch motiviert und erklärt wird. Sie machen zum Teil eine Entwicklung durch und verändern sich. Die Innenwelt der Figuren ist es, die den Autor des Kunstmärchens interessiert. Die Handlung ist ebenfalls komplexer angelegt, es kann mehr als einen Handlungsstrang geben. Dem Kunstmärchen fehlen mitunter die eindeutige Schwarz-Weiß-Zeichnung des Volksmärchens und dessen Optimismus – im Kunstmärchen siegt am Ende nicht zwangsläufig das Gute, es gibt nicht in jedem Fall ein Happyend.

Kunstmärchen: beliebte Gattung der Epoche der Romantik

Zahlreiche Autoren der Epoche der Romantik verfassten Kunstmärchen, zu dieser Gruppe gehörten neben E. T. A. Hoffmann z. B. Autoren wie Clemens Brentano (1778 – 1842), Adelbert von Chamisso (1781–1838), Novalis (1772–1801) oder Ludwig Tieck (1773–1853). Die Gattung war für viele romantische Dichter von besonderer Bedeutung: „Das Märchen repräsentiert jenes Wunderbare und Unvernünftige, das die Aufklärung zu verbannen gestrebt hatte, aber auch den ursprünglich harmonischen Zustand, nach dem sich die zerrissene Gegenwart zurücksehnt."[1] Der Schriftsteller Novalis entwickelte grundlegende theoretische Ideen zum romantischen Märchen. Dieses müsse prophetisch, also in die Zukunft gerichtet, sein. Der Märchendichter sei ein „Seher der Zukunft"[2]. Außerdem solle er eine utopische, idealisierte Zukunftsvision zeigen.

E. T. A. Hoffmanns Märchen „Der goldne Topf" weist einige Merkmale des traditionellen Volksmärchens auf, so wird auch in Hoffmanns Märchen Magie eingesetzt, und es geschehen seltsame und wunderbare Dinge. Der Archivarius Lindhorst und seine Gegenspielerin, die Rauerin, verfügen über Zauberkräfte, die sie für ihre Zwecke einsetzen, wie z. B. beim Liebeszauber, der Veronika und Anselmus zusammenführen soll. Die Rauerin erweist sich schließlich als böse Hexe und verkörpert damit eine typische Figur des Volksmärchens. Der Kampf zwischen Lindhorst und der Rauerin kann als märchentypische Auseinandersetzung zwischen Gut und Böse gesehen werden. Anselmus muss in der Märchenhandlung eine Aufgabe bewältigen und braucht drei Anläufe, bis er tatsächlich mit der Arbeit für Lindhorst beginnt. Beides sind ebenfalls Merkmale eines traditionellen Volksmärchens. Dies trifft im Grundsatz auch auf den Gedanken der Erlösung eines Menschen durch einen anderen zu, der sich im Volksmärchen in vielfältiger Ausprägung findet. In Hoffmanns Märchen „Der goldne Topf" hoffen unterschiedliche Figuren in unterschiedlichen Situationen auf Erlösung. Lindhorst hofft, mit der Verheiratung seiner drei Töchter die Rückkehr in seine ursprüngliche Heimat zu erreichen. Anselmus hofft, als er in der Kristallflasche eingesperrt ist, auf Erlösung durch Serpentina,

Die Erzählung „Der goldne Topf": Merkmale des Volksmärchens

---

[1] Monika Schmitz-Emans: Einführung in die Literatur der Romantik. Darmstadt: Wissenschaftliche Buchgesellschaft ³2009, S. 58.

[2] Ebd.

womit, wie in vielen Volksmärchen, die Aufgabe der Erlösung einer Frau, im Volksmärchen oft der Schwester oder der Geliebten, zufällt.

Der Text ist aber vor allem ein Kunstmärchen, das einen konkreten, namentlich zu benennenden Autor hat, und „Ein Märchen aus der neuen Zeit". Es unterscheidet sich damit in vielerlei Hinsicht von dem herkömmlichen Modell. Es ist an einem exakt benannten und beschriebenen Ort angesiedelt, nämlich in Dresden. Die Zeit der Handlung, die am Himmelfahrtstag beginnt und im Februar des Folgejahres endet, ist genau angegeben. Es gibt mindestens zwei Handlungsstränge, zum einen den um Lindhorst und Serpentina, zum anderen den um die Familie Paulmann. Beide Handlungsstränge sind immer wieder miteinander verbunden, vor allem durch Anselmus. Die Handlung auf beiden Ebenen verläuft zum Teil parallel, was z. B. in der fünften und sechsten Vigilie der Fall ist. Am Schluss wird die Handlung auf beiden Ebenen getrennt zu einem (guten) Ende geführt. Die Figuren sind anders als im Volksmärchen komplex angelegt. Insbesondere Anselmus durchläuft eine Entwicklung und erreicht am Ende eine höhere Stufe als am Anfang. Das Verhalten der Figuren betrachtet der Erzähler mit Blick auf ihr Innenleben, ihr Verhalten wird psychologisch motiviert. Dabei wird bei Anselmus immer wieder seine Zerrissenheit deutlich gemacht. Der Erzähler zeigt einerseits Verständnis für seine Figuren, andererseits betrachtet er sie mit einer wohlwollenden ironischen Distanz. Dies wird zum einen an der Darstellung der bürgerlichen Figuren Heerbrand und Paulmann deutlich, deren Verhalten immer wieder ironisiert oder satirisch überspitzt dargestellt wird, bis hin zu dem Alkoholexzess, der in der neunten Vigilie gezeigt wird. Doch auch die Figuren, die der wunderbar-märchenhaften Welt zugeordnet sind, entsprechen ganz einem „Märchen aus der neuen Zeit" und ihr Leben hat demzufolge nicht nur märchenhafte, sondern auch ganz alltäglich bürgerliche Züge. Die Rauerin hat feste Öffnungs- und Arbeitszeiten, Lindhorst geht einem bürgerlichen Beruf nach, seine Tochter Serpentina erhält den standesgemäßen Musikunterricht und er muss versuchen, seine ledigen Töchter gut zu verheiraten und so materiell abzusichern.

Vergleich:

traditionelles Volksmärchen	↔	„Der goldne Topf" als Kunstmärchen
kein namentlich bekannter Autor	↔	E. T. A. Hoffmann als Autor namentlich bekannt
unbestimmte ferne Vergangenheit	↔	genau festgelegte Zeitpunkte, konkrete Datierung
unbestimmter Ort	↔	genau beschriebene und bestimmbare Handlungsorte
Figuren keine Individuen	↔	komplexere Charaktere, Entwicklung möglich
Figuren ohne Innenleben	↔	Psychologisierung der Figuren

Ob die Grundhaltung von Hoffmanns Märchen positiv ist, lässt sich unterschiedlich beurteilen. Für die meisten Figuren ergibt sich ein positives Ende: Anselmus findet sein Glück mit Serpentina in Atlantis, Lindhorst hat zumindest eine seiner Töchter gut verheiratet, die böse Hexe ist bestraft worden, Veronika Paulmann gelingen durch die Heirat mit dem Hofrat Heerbrand der erhoffte gesellschaftliche Aufstieg und die materielle Absicherung. Andererseits kann der Wirklichkeitsgehalt von Anselmus' Lebensglück in Atlantis infrage gestellt werden – geschieht dies wirklich oder ist es nur Einbildung bzw. Erfindung? Veronika Paulmann erreicht zwar, was sie möchte, eine romantische Liebesheirat ist die Ehe mit dem Hofrat Heerbrand aber keineswegs. Nicht zuletzt sollte die Situation des Erzählers, wie er sie in der zwölften Vigilie darstellt, berücksichtigt werden. Nur mithilfe des Archivarius Lindhorst und vor allem des Alkohols gelingt es ihm, die begonnene Geschichte zu Ende zu erzählen und seine Schreibblockade zu überwinden. Die Vision von Atlantis, die ihm Lindhorst ermöglicht, führt andererseits dazu, dass der Erzähler sein eigenes irdisches Dasein als unbefriedigend empfindet und er davon enttäuscht ist.

Das Anti-Märchen Die Gattung des Märchens wurde in der Folgezeit auch von anderen Autoren aufgegriffen und verwendet. Der deutsche Schriftsteller Georg Büchner (1813–1837) lässt in seinem Dramenfragment „Woyzeck" (1837) in einer Szene eine der Figuren ein Märchen erzählen, welches auf dem Sterntaler-Märchen der Brüder Grimm basiert. Bei Büchner wird dies allerdings zum Anti-Märchen.

Georg Büchner

Das Mädchen, das die Hauptfigur des Märchens ist, wird bei den Grimms für sein gutes, vorbildliches Verhalten belohnt, bei Büchner findet es nur Enttäuschung und Hoffnungslosigkeit, das Anti-Märchen endet in Resignation, ein gutes Ende, wie es bei den Grimm'schen Märchen üblich ist, ist weit entfernt.

Bürgerliche und märchenhafte Welt

Strukturbildender Gegensatz bürgerlich – märchenhaft Die Struktur des Märchens „Der goldne Topf" wird bestimmt von der „Dualität der bürgerlichen und der wunderbaren Welt"[1]. Der Konflikt der beiden Welten zeigt sich

---

[1] Hartmut Steinecke: E. T. A. Hoffmann. Stuttgart: Reclam Verlag 1997, S. 83.

in der Handlung des Märchens in der Auseinandersetzung um den Studenten Anselmus. Beide Welten bestehen aber nicht nur nebeneinander oder gegeneinander, sondern berühren sich und gehen vielfach ineinander über.

Dass der Text von dem Gegensatz zwischen bürgerlicher und märchenhaft-wunderbarer Welt geprägt wird, zeigt auch der regelmäßige Wechsel der Schauplätze und der Figuren, die sich dem einen oder dem anderen Bereich zuordnen lassen. Deutlich wird, dass sich ab der Mitte der Erzählung das Schwergewicht zu den Schauplätzen der märchenhaft-wunderbaren Welt verschiebt, vor allem das Haus des Archivarius Lindhorst ist im zweiten Teil des Märchens ein zentraler Ort der Handlung.

Stetiger Wechsel von Schauplätzen und Figuren

Die Figuren, die zur Familie Paulmann gehören, also der Konrektor Paulmann mit seinen Töchtern Veronika und Fränzchen, sowie der Registrator Heerbrand gehören der alltäglich-bürgerlichen Welt an. Der Archivarius Lindhorst und seine Töchter sowie die Rauerin, zu Beginn tritt sie noch als Äpfelweib auf, sind Repräsentanten des Märchenhaft-Wunderbaren. Anselmus entstammt der alltäglich-bürgerlichen Welt, gerät durch die Begegnung mit Serpentina jedoch in Kontakt mit dem Märchenhaften und befindet sich anschließend in dem Konflikt, für welche der beiden Welten er sich entscheiden soll. Da er ein „kindliches poetisches Gemüt" (S. 64, Z. 28) hat, kann er als besonders offen und geeignet für den Kontakt mit der märchenhaft-wunderbaren Welt gelten. Er erfüllt damit eine wichtige Voraussetzung dafür, mit einer der Töchter Lindhorsts verheiratet zu werden und so zur Erlösung des Salamanders beizutragen, der seine drei Töchter an solch einen Jüngling verheiraten muss.

Zuordnung der Figuren zu den beiden Welten

Für die Figuren der alltäglich-bürgerlichen Welt ist die Orientierung an maßvollem Verhalten und an rationalen Erklärungen der Welt wichtig. Sie haben feste Gewohnheiten, eine an den Maßstäben der Vernunft ausgerichtete

Merkmale des Alltäglich-Bürgerlichen: Ablehnung abweichenden Verhaltens

Wechsel der Schauplätze

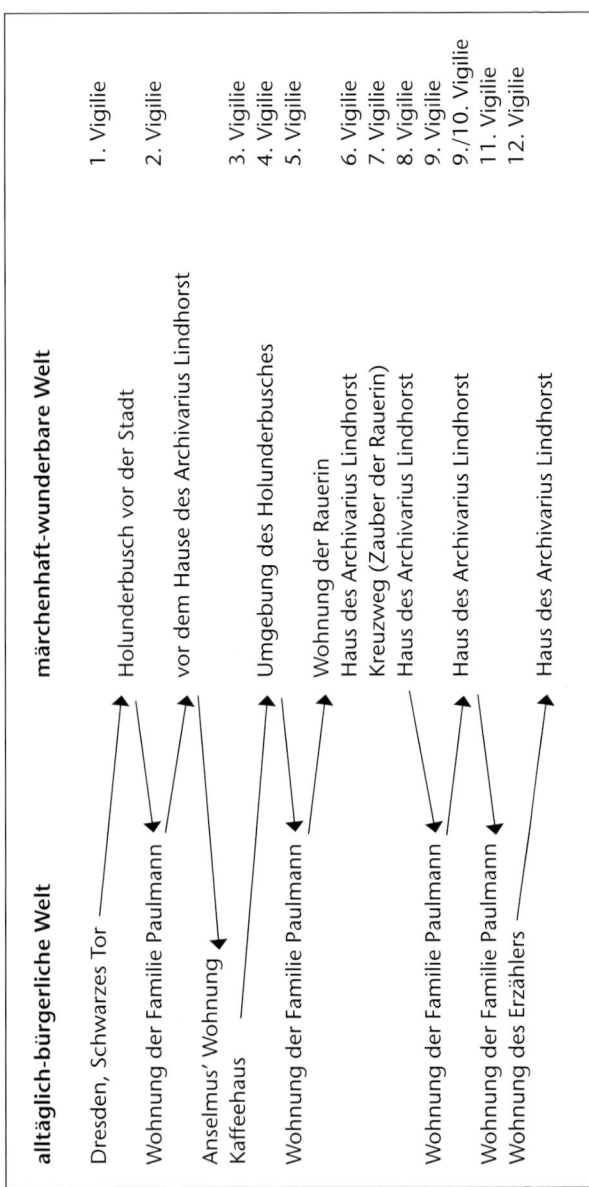

alltäglich-bürgerliche Welt	märchenhaft-wunderbare Welt	
Dresden, Schwarzes Tor		1. Vigilie
Wohnung der Familie Paulmann	Holunderbusch vor der Stadt	2. Vigilie
Anselmus' Wohnung	vor dem Hause des Archivarius Lindhorst	
Kaffeehaus		3. Vigilie
	Umgebung des Holunderbusches	4. Vigilie
Wohnung der Familie Paulmann		5. Vigilie
	Wohnung der Rauerin	6. Vigilie
	Haus des Archivarius Lindhorst	7. Vigilie
	Kreuzweg (Zauber der Rauerin)	8. Vigilie
	Haus des Archivarius Lindhorst	9. Vigilie
Wohnung der Familie Paulmann		9./10. Vigilie
	Haus des Archivarius Lindhorst	11. Vigilie
Wohnung der Familie Paulmann		12. Vigilie
Wohnung des Erzählers	Haus des Archivarius Lindhorst	

Ordnung gibt ihnen Sicherheit und Halt. Anselmus als Sonderling fällt in dieser Welt immer wieder unangenehm auf, sein abweichendes Verhalten wird dann entweder dem Einfluss von Alkohol oder geistiger Verwirrung (Wahnsinn) zugeschrieben und negativ bewertet. Die „ehrbare Bürgersfrau" (S. 12, Z. 1 f.), die mit ihrer Familie Anselmus beobachtet, wie er den Holunderbaum umarmt und in ihn hineinruft, hat als Erklärung für sein Verhalten nur, dass er „nicht recht bei Troste" (S. 12, Z. 1) sei. Sie wiederholt diese Aussage noch einmal und unterstreicht dadurch, dass sie sein ungewöhnliches Verhalten nicht billigen kann. Als Erklärung kommt ihr nur in den Sinn, dass Anselmus' Verstand verwirrt sein müsse. Auch ihr Ehemann kritisiert den Studenten, sieht die Ursache für sein Verhalten aber darin, dass er betrunken sein müsse. Dies macht deutlich, dass ein Verhalten, das von der Norm abweicht, hier nicht toleriert wird. Anselmus hat es damit schwer. Auch der Konrektor Paulmann, der dem jungen Mann wohlgesonnen ist, kritisiert ihn, wenn er sich ungewöhnlich verhält. Nachdem Anselmus vor Lindhorsts Tür zusammengebrochen ist, kümmert sich Paulmann um ihn, doch seine Aussage „Was treiben Sie denn um des Himmels Willen für tolles Zeug, lieber Herr Anselmus!" (S. 20, Z. 26 f.) verdeutlicht seine Kritik und sein Unverständnis für das Verhalten des Studenten.

Die Existenz einer märchenhaften, fantastischen Welt hinter dem, was im Alltag für gewöhnlich wahrnehmbar ist, lehnen die meisten Figuren der alltäglich-bürgerlichen Welt ab, wobei der Grad der Ablehnung unterschiedlich stark ausgeprägt ist. Der Konrektor Paulmann ist eindeutig in seiner Ablehnung. Anselmus' Erzählungen über den Salamander Lindhorst während des Punschgelages bringen Paulmann so in Rage, dass er den Studenten mit Äußerungen wie „rappelt's Ihnen im Kopfe?" (S. 70, Z. 30) beschimpft und sich schließlich die Perücke vom Kopf

Ablehnung des Märchenhaft-Wunderbaren

reißt. Als Veronika ihre Zusammenarbeit mit der Rauerin gesteht, um vor der Hochzeit mit Heerbrand klare Verhältnisse zu schaffen, fürchtet ihr Vater, seine Tochter habe den Verstand verloren. Er kann die Existenz von Zauberei und Magie nicht akzeptieren. Der Registrator Heerbrand ist hier insgesamt offener, geht zumindest im betrunkenen Zustand auf Anselmus' Erzählungen ein und lässt mit ihm den Salamander hochleben. Andererseits wertet auch er z. B. die von Lindhorst erzählte Geschichte des Geisterfürsten Phosphorus ab, diese sei „orientalischer Schwulst" (S. 22, Z. 31), also eine übertriebene und unglaubwürdige exotische Erzählung.

Philisterkritik Die Darstellung der bürgerlichen Figuren kann als Beispiel für die romantische Philisterkritik gedeutet werden. Die romantischen Autoren verstanden unter einem Philister einen Menschen, der stets auf das „Normalmaß" und den „Mittelweg" bestand und abweichende Vorstellungen und Verhaltensweisen ablehnte.[1] In der Wahrnehmung der Romantiker hatten solche Philister keinen Sinn für das Wunderbare und Außergewöhnliche. Insofern kann das Märchen „Der goldne Topf" mit Figuren wie dem Konrektor Paulmann als klares Beispiel für romantische Philisterkritik verstanden werden.

Ironische Distanz zu den Figuren Der Erzähler schafft durch die oft ironische und mitunter auch humoristische Art der Darstellung Distanz zu den Figuren der alltäglich-bürgerlichen Welt, er wertet sie jedoch nicht ab. Seine Philisterkritik ist zwar deutlich erkennbar, er zeichnet seine Figuren aber mit durchaus liebevoller Ironie und Verständnis für ihre Schwächen.

Merkmale des Märchenhaft-Wunderbaren Der Archivarius Lindhorst und die Rauerin als wichtigste Vertreter der märchenhaft-wunderbaren Welt verfügen über Zauberkräfte und einen mythologischen Hintergrund,

---

[1] Rüdiger Safranski: Romantik. Eine deutsche Affäre. München: Hanser Verlag 2009, S. 199.

leben in Häusern bzw. Wohnungen, in denen eine magische Atmosphäre herrscht, und in Gesellschaft von allerlei Tieren. Der schwarze Kater der Rauerin kann dabei als besonders typischer Begleiter gesehen werden. Die Wohnräume der beiden Figuren verwandeln sich, zumindest in der Wahrnehmung der Besucher. Beide verfügen über die Fähigkeit, sich unbemerkt und z. T. in veränderter Gestalt an anderen Orten aufzuhalten. Die Rauerin belauscht als Kaffeekanne Veronika in ihrem Zuhause. Lindhorst befindet sich (angeblich) während des Punschgelages, das in der neunten Vigilie dargestellt wird, in der Punschschüssel.

Auf den ersten Blick erscheint der Archivarius Lindhorst als Vertreter der guten, weißen Magie, die Rauerin als seine Gegenspielerin steht für die böse, schwarze Magie. Allerdings kann man diese scheinbar klare Einteilung auch hinterfragen. Die Rauerin selbst bezeichnet sich als „die weise Frau" (S. 41, Z. 37) und Lindhorst sei ihr „größter Feind" (S. 41, Z. 34f.), über den sie viele negative Dinge sagen könne, was sie allerdings nicht tut. Sie will Veronika helfen, Anselmus für sich zu gewinnen. Insofern tut sie wenig anderes als Lindhorst. Andererseits setzt er sich in der entscheidenden Auseinandersetzung gegen die Rauerin durch, und da im Märchen für gewöhnlich das Gute siegt, darf man durchaus schlussfolgern, dass Lindhorst in der märchenhaft-wunderbaren Welt das Gute vertritt.

Beide Figuren haben, da sie in der alltäglich-bürgerlichen Welt leben, Züge dieser angenommen. Der Archivarius geht als Staatsdiener einem klassisch bürgerlichen Beruf nach. Er besucht in seiner Freizeit das Kaffeehaus, wo er mit anderen Menschen seines Standes zusammentrifft und Geselligkeit pflegt. Außerdem hat er mit der Verheiratung und Versorgung seiner ledigen Töchter ein im 18. und 19. Jahrhundert ganz typisches bürgerliches Problem, das auch in der europäischen Literatur der Zeit, z. B. in den Romanen

Lindhorst als Vertreter des Guten

Bürgerliche Eigenschaften der Märchenfiguren: Doppelrolle Lindhorsts

der englischen Schriftstellerin Jane Austen (1775–1817), eine große Rolle spielte. In der Handlung des Märchens „Der goldne Topf" teilt Lindhorst dieses Problem darüber hinaus mit dem Konrektor Paulmann. Die Rauerin lebt in ihrer Rolle als Äpfelweib vom Verkauf ihrer Waren. Sie bietet außerdem ihre Dienste als Wahrsagerin an, dies aber zu festen Öffnungszeiten an nur drei Tagen in der Woche. So befinden sich die Vertreter der märchenhaften Welt, vor allem der Archivarius Lindhorst, in einer märchenhaft-bürgerlichen Doppelrolle.

Die Modernität des Hoffmann'schen Erzählens

Verunsicherung des Lesers

Ein zentrales Merkmal des Märchens „Der goldne Topf" ist die immer wiederkehrende Verunsicherung des Lesers durch die Art, wie die Handlung erzählt wird. Der Leser erfährt insbesondere die märchenhaften und fantastischen Elemente der Handlung regelmäßig aus der Perspektive einer der Figuren, sodass man sich nie sicher sein kann, ob das Dargestellte, zumindest auf der Ebene der Märchen-handlung, wirklich geschehen ist oder nur in der Einbildung der jeweiligen Figur existiert.

Unzuverlässiger Erzähler

Am Ende der Handlung (zwölfte Vigilie) erweist sich der Erzähler sogar als geradezu unzuverlässig, da er nicht in der Lage ist, seine Geschichte ohne fremde Hilfe zu Ende zu erzählen. Er benötigt hierfür die Unterstützung einer seiner Figuren. Der Archivarius Lindhorst bietet ihm Hilfe an, die der Erzähler gerne annimmt. So steigt er hinab in die Welt seiner Figuren und wird selbst Teil der erzählten Welt. Die Vision von Atlantis, die der Erzähler hat und dem Leser mitteilt, kommt zudem nur unter dem Einfluss von Alkohol zustande, sodass sich der Leser fragen muss, inwieweit er dem, was der Erzähler berichtet, überhaupt glauben und vertrauen kann. Die Verunsicherung wird hierdurch gesteigert.

Dieses unzuverlässige Erzählen ist ein ausgesprochen modernes Element in Hoffmanns Text. In der literarischen Moderne ab ca. 1900 schwindet das Vertrauen in sichere Wahrheiten und Wertvorstellungen, das traditionelle Erzählen mit einem souveränen, oft allwissenden und von einem olympischen Standort aus agierenden Erzähler wird zunehmend infrage gestellt. So entstehen auch immer wieder Werke mit unzuverlässigen Erzählern, man denke nur an Günter Grass' (1927–2015) Roman „Die Blechtrommel" (1959). Der Ich-Erzähler dieses Romans stellt sich dem Leser bereits im ersten Satz mit den Worten „Zugegeben: ich bin Insasse einer Heil- und Pflegeanstalt."[1] vor und legt dem Leser damit nahe, nicht alles zu glauben, was im Folgenden erzählt wird, schließlich befindet sich der Ich-Erzähler Oskar Matzerath in einer psychiatrischen Einrichtung. Hoffmann geht zwar bei der Gestaltung seiner Erzählerfigur nicht ganz so weit, nimmt aber spätere Entwicklungen vorweg, indem er einen Erzähler schafft, der das Vertrauen des Lesers in ihn selbst untergräbt.

Der Roman „Die Blechtrommel" als modernes Beispiel

Hierzu passt, dass der Erzähler im Märchen „Der goldne Topf" wie auch andere Erzählerfiguren Hoffmanns, z. B. der Erzähler des Nachtstücks „Der Sandmann", das Erzählen selbst immer wieder zum Gegenstand ihrer Überlegungen und Ausführungen machen. Dies geschieht in beiden Werken oft in der Form von direkten Leseranreden. Im Werk „Der Sandmann" erwägt der Erzähler die Möglichkeiten und Schwierigkeiten unterschiedlicher Erzählanfänge und bezieht den Leser in diese Gedanken ein. „Diese ausdrückliche und ausgesprochene Skepsis gegenüber dem Erzählen selbst bereitet den Leser vorab also schon darauf vor, dass er sich seiner Sache nicht so sicher sein kann und vor

Nachdenken des Erzählers über das Erzählen

---

[1] Günter Grass: Die Blechtrommel. München: dtv 2009, S. 9.

der hohen Anforderung steht, sich selbst einen Reim auf das geschilderte Geschehen zu machen."[1]

Auch im Märchen „Der goldne Topf" finden sich mehrere Passagen, in denen der Erzähler den Leser anspricht und in seine Überlegungen zum Erzählen einbezieht. Insgesamt sind es vier Leseranreden, nämlich in der vierten, siebten, zehnten und zwölften Vigilie. Der Erzähler will mit diesen den Leser in das Erzählte einbeziehen, Verständnis für die Figuren erreichen, die Glaubwürdigkeit seiner Erzählung hervorheben und mögliche Zweifel an dem Dargestellten zerstreuen. Allerdings lässt sich sein Vorgehen auch umgekehrt deuten. Der Erzähler betont, er möchte mögliche Zweifel an der Glaubwürdigkeit der Handlung und den Figuren ausräumen. Gerade dadurch bringt er den Leser möglicherweise erst auf die Idee, die dargestellten Ereignisse infrage zu stellen. Vielleicht tut der Erzähler dies sogar absichtlich, um den Leser zu verunsichern.

Die vierte Vigilie beginnt mit einer umfangreichen Leseranrede des Erzählers (vgl. S. 26, Z. 4 – S. 28, Z. 2), in der er vor allem auf die Melancholie von Anselmus einstimmen und Verständnis für ihn erreichen will. Der Erzähler fragt daher den Leser, ob er nicht selbst schon einmal die Erfahrung gemacht habe, dass ihm sein bisheriges Leben und alles, was ihm bis dahin wichtig gewesen sei, auf einmal „läppisch und nichtswürdig" (S. 26, Z. 9) erschienen sei, ob er also sein gesamtes Leben infrage gestellt habe. Diese Situation, so der Erzähler, sei oft verbunden mit einem Gefühl unbestimmter, aber drängender Sehnsucht. Diese führe zu

einer melancholischen und traurigen Stimmung. Der Erzähler will so den Leser auf Anselmus' Situation, wie sie in der vierten Vigilie dargestellt wird, einstimmen und ihm die Möglichkeit geben, sich in den Studenten einzufühlen.

---

[1] Timotheus Schwake: E.T.A. Hoffmann. Der Sandmann … verstehen. Paderborn: Schöningh Verlag 2013, S. 91.

Insofern zielt das Vorgehen des Erzählers auf eine Identifikation mit den Figuren ab. Seine Absicht beschreibt er mit der Formulierung, dass er dem Leser den Studenten „recht lebhaft vor Augen bringen" (S. 27, Z. 15 f.), also anschaulich erzählen möchte. Gleichzeitig beschreibt der Erzähler seine Sorge, dass seine Geschichte und seine Figuren nicht glaubwürdig sein könnten, da es eine „höchst sonderbare Geschichte" (S. 27, Z. 17) sei. Daher bittet er den Leser, sich die Figuren genau vorzustellen und zu erkennen, dass er diesen, zumindest dem Konrektor Paulmann und dem Registrator Heerbrand, in seinem alltäglichen Leben begegnen kann. Dies könne dem Leser deutlich machen, dass die fantastische Welt seinem Alltag sehr viel näher ist, als es auf den ersten Blick scheint. Was will der Erzähler mit diesen Ausführungen erreichen? Was erreicht er damit? Vordergründig will er zeigen, dass seine Geschichte, obwohl sie zahlreiche fantastische Elemente enthält, wahr ist und der Rezipient ihm glauben kann und soll. Dies möchte er durch das intensive Einbeziehen des Lesers erreichen, an dessen Alltag und Empfinden er die dargestellten Figuren anbindet. Auf der anderen Seite kann man aber auch argumentieren, dass der Erzähler durch die von ihm vorgebrachten Zweifel den Leser überhaupt erst auf die Idee bringt, die Darstellung anzuzweifeln. So erreicht der Erzähler erneut eine Verunsicherung, da sich er selbst seiner Sache nicht sicher zu sein scheint und möglicherweise ein unzuverlässiger Erzähler ist.

Verunsicherung des Lesers

In der siebten Vigilie, die den nächtlichen Zauber der Rauerin darstellt, spricht der Erzähler erneut den Leser an (vgl. S. 53, Z. 8 – S. 55, Z. 8). Er bittet ihn, sich die besagte Nacht mit ihrer unheimlichen Atmosphäre genau vorzustellen. Die Einfühlung in die Situation erreicht er dadurch, dass er eine Situation beschreibt, in der der Leser sich vorstellen soll, in dieser Nacht auf Reisen an dem unheimlichen Ort vorbeigekommen zu sein. So kann sich der Leser

Leseranrede in der siebten Vigilie: Einfühlung in die Situation

gut in die Szene hineinversetzen, der Erzähler erreicht, dass die Atmosphäre anschaulich und nachvollziehbar wird. Die Wirkung wird intensiviert durch die Überlegungen des Erzählers, wie sich der Leser angesichts der unheimlichen und bedrohlichen Situation verhalten hätte und ob man Veronika zu Hilfe gekommen wäre. Dadurch wird der Leser sehr persönlich angesprochen. Das sich anschließende Bedauern des Erzählers, dass niemand vorbeigekommen sei und Veronika habe helfen können, dient der Spannungssteigerung, da der Leser nun erfahren möchte, wie die Situation für die junge Frau ausgeht.

Leseranrede in der zehnten Vigilie: Einfühlung in Anselmus

Die Leseranrede zu Beginn der zehnten Vigilie (vgl. S. 75, Z. 5 – S. 76, Z. 5) dient erneut dazu, die Möglichkeit zu geben, sich besser in Anselmus' Situation, hier in seine Gefangenschaft in der Kristallflasche, einzufühlen. Dies ist umso wichtiger, als es sich um eine sehr ungewöhnliche, fantastische Situation handelt, in der der Leser, wie der Erzähler vermutet, noch nie gewesen ist, es sei denn im Traum. Damit ist auch wieder die Frage der Glaubwürdigkeit des Erzählten angesprochen und das Verhältnis von Traum bzw. Einbildung und Wirklichkeit.

Leseranrede in der zwölften Vigilie: romantische Ironie

Zu Beginn der zwölften Vigilie (vgl. S. 87, Z. 4 – S. 88, Z. 15) macht der Erzähler in seiner Leseranrede den Prozess des Erzählens zum Gegenstand seiner Überlegungen. Er stellt dem Leser seine Unzufriedenheit mit den Versuchen, Anselmus' Situation in Atlantis angemessen zu beschreiben, dar. Dieses Gefühl des Ungenügens führt beim Erzähler zu einer Schreibblockade, es gelingt ihm nicht, sein Werk zu vollenden. Dies wird erst mithilfe einer seiner Figuren, des Archivarius Lindhorst, möglich. Die Leseranrede in der zwölften Vigilie kann als ein Beispiel für die sog. romantische Ironie gedeutet werden. Die Autoren der Epoche der Romantik verstanden darunter u. a. ein Vorgehen, bei dem der Entstehungsprozess eines (literarischen) Kunstwerks in diesem selbst thematisiert wurde, wie dies in der zwölften

Funktionen der Leseranreden

- Einbeziehung des Lesers
- Einstimmung auf folgende Handlungsschritte
- Einfühlung in die Figuren und Situationen
- Spannungssteigerung
- Glaubwürdigkeit des Erzählten betonen,
  zugleich Verunsicherung des Lesers
- Thematisierung und Problematisierung des Erzählprozesses
  (romantische Ironie)

Vigilie geschieht. Der Erzähler berichtet dem Leser davon, wie er die ersten elf Vigilien jeweils nachts geschrieben hat und dass er froh darüber ist, dies geschafft zu haben. Die zwölfte Vigilie handelt nun von den Schwierigkeiten, eben diese zwölfte Vigilie zu schreiben. Dieses Vorgehen kann auf unterschiedliche Weise gedeutet werden, z. B. als ironische Brechung der zuvor aufgebauten fiktiven Welt, da der Erzähler mit einer Figur seiner Erzählung in Kontakt tritt und diese ihm helfen muss, das Ende seiner Erzählung zu verfassen.

Das Erzählverhalten des Erzählers kann als auktorial eingeordnet werden. Eine Erzählerfigur tritt deutlich hervor, z. B. dadurch, dass der Erzähler sich wiederholt direkt an den Leser wendet und aus seiner Sicht das Dargestellte beurteilt. Dass der auktoriale Erzähler das Geschehen für den Leser arrangiert, wird besonders deutlich, als er bei der Anordnung der fünften und sechsten Vigilie von der Chronologie der Handlung abweicht und in der sechsten Vigilie Ereignisse nachschiebt, die in der fünften Vigilie bereits angedeutet werden. Auch Zeitsprünge wie z. B. in der elften Vigilie zeigen, dass der Erzähler das Geschehen überblickt und auswählt, was der Leser erfährt und wann er es erfährt. Der Standort des Erzählers ist über weite Strecken der allwissende (olympische). Der Erzähler überblickt das Geschehen und die Figuren, dies zeigen schon die einleitenden

Elemente der Erzähltechnik: auktoriales Erzählverhalten

Allwissender (olympischer) Erzählerstandort

Zusammenfassungen zu Beginn jeder Vigilie. Er steht in den ersten elf Vigilien außerhalb der erzählten Welt und erzählt aus der Distanz. Dies ändert sich jedoch in der zwölften Vigilie. Der Erzähler geht seine „verdammten fünf Treppen hinunter", verlässt sein „Stübchen" (S. 89, Z. 10 f.) und tritt in Kontakt mit einer seiner Figuren, hier mit dem Archivarius Lindhorst, aus dessen Brief an den Erzähler auch die genannten Zitate stammen. Damit gibt der Erzähler seine distanzierte Position auf, ist näher am Geschehen und wird Teil der Handlung und der erzählten Welt.

Wechsel von Innen- und Außensicht

In der Darstellung der Handlung wechseln sich Innen- und Außensicht ab. Dabei wird nicht immer klar, ob der Erzähler gerade die Innensicht einer Figur oder die Außensicht einnimmt. Dies trägt zur Verunsicherung des Lesers bei und unterstreicht die Mehrdeutigkeit des Erzählten.

Wertende Erzählhaltung

Der Erzähler nimmt insgesamt eine wertende Erzählhaltung ein, da er immer wieder seine Figuren und ihre Handlungen ironisch und humorvoll darstellt. Besonders die beiden Repräsentanten des Bürgertums, der Konrektor Paulmann und der Registrator Heerbrand, werden regelmäßig ironisiert, aber nicht abgewertet. Der Erzähler nimmt eher mit fast schon liebevollem Verständnis ihre Schwächen aufs Korn.

Zeitstruktur

Das Märchen „Der goldne Topf" ist überwiegend von einer chronologischen Abfolge der Handlungsschritte bestimmt. An einzelnen Stellen wird von der Chronologie abgewichen. Außerdem wird diese mitunter durch Rückwendungen und Vorausdeutungen durchbrochen. Hierfür nutzt der Erzähler häufig die Figurenrede, d. h., er baut die Rückwendungen und Vorausdeutungen in Aussagen seiner Figuren, also in die direkte Rede, ein. Dies geschieht z. B., wenn Lindhorst und Serpentina die mythologische Vorgeschichte ihrer Familie erzählen (dritte und achte Vigilie). Die Handlung umfasst den Zeitraum vom Himmelfahrtstag bis zum Februar des folgenden Jahres, also ungefähr zehn

Monate. Die erzählte Zeit ist damit größer als die Erzähl-zeit, es liegt insgesamt zeitraffendes Erzählen vor. Dies wird u. a. durch Aussparungen und Zeitsprünge erreicht. Es gibt im Text aber auch einige Passagen, die zeitdeckend oder eventuell sogar zeitdehnend erzählt werden. Anselmus' erste Begegnung mit Serpentina – oder seine erste Vision von ihr – wird ausführlich dargestellt (vgl. S. 9, Z. 24 – S. 11, Z. 28). Seine Wahrnehmungen, Gefühle und Empfindun-gen werden detailliert geschildert, sodass hier zumindest zeitdeckend, möglicherweise auch zeitdehnend erzählt wird. Der Erzähler rückt so die Perspektive von Anselmus in den Mittelpunkt.

Die Handlung spielt zum Teil an konkret benannten Orten in Dresden, die aber nicht genauer beschrieben werden. Die Handlungsorte, die präziser dargestellt werden, sind der märchenhaft-fantastischen Welt zugeordnet. Einen sehr guten Eindruck bekommt der Leser vom Haus des Ar-chivarius Lindhorst, das wesentlich ist für die Ausgestal-tung der märchenhaften Atmosphäre des Textes.

Raumgestaltung

Wichtige Motive des Märchens „Der goldne Topf"

Aus der antiken Mythologie stammte die Vorstellung von einem „Goldenen Zeitalter", die die Autoren der Epoche der Romantik stark beeinflusste und die sich in ihren Wer-ken immer wieder finden lässt. Dieser Idee liegt ein sog. triadisches (dreischrittiges) Geschichtsmodell zugrunde. Dieses geht davon aus, dass es in der Vergangenheit, vor dem Beginn der menschlichen Zivilisation, einen Idealzu-stand („Goldenes Zeitalter") gegeben habe. In diesem hät-ten die Menschen in Frieden miteinander und im Einklang mit der Natur gelebt. Diese Vorstellung findet sich bei zahl-reichen antiken Schriftstellern. Die anschließende Phase,

Vorstellung vom „Goldenen Zeitalter"

die auch die jeweilige Gegenwart umfasst, wird negativ bewertet und als Irrweg gesehen, der überwunden werden müsse. Die dritte Phase dieses Modells ist dann die für die Zukunft erhoffte Wiederherstellung des früheren Idealzustandes und damit ein neues „Goldenes Zeitalter". Für die Romantiker bestand die Fehlentwicklung ihrer Gegenwart vor allem in der – aus ihrer Sicht – Überbetonung von rationalem Denken und Nützlichkeitserwägungen in der Zeit der Aufklärung, in einer rein naturwissenschaftlichen Betrachtung der Welt und in den gesellschaftlichen und wirtschaftlichen Veränderungsprozessen der Zeit um 1800, die zur Entfremdung der Menschen von sich selbst und der Natur geführt hätten. Die romantischen Autoren strebten eine Wiederherstellung der Einheit von Mensch und Natur, zumindest in der Literatur, an. Auch dem Märchen „Der goldne Topf" liegen diese Vorstellungen zugrunde. Die Erzählungen Lindhorsts und Serpentinas über das sagenhafte Atlantis stellen zum einen den ursprünglichen Idealzustand dar, zum anderen die Zerstörung desselben durch das Fehlverhalten des Salamanders, der als Strafe dafür aus Atlantis verbannt wird. Am Ende des Märchens wird dann der ursprüngliche Idealzustand in Anselmus' und Serpentinas Leben in Atlantis wiederhergestellt, ein neues „Goldenes Zeitalter" ist erreicht, zumindest in der Vision und Darstellung des Erzählers, also in der Poesie.

Motive des Sehens: Augen und Blicke

In Hoffmanns Erzählungen kommen wiederholt Motive des Sehens, vor allem Augen und Blicke, an zentraler Stelle vor, so in der Erzählung „Der Sandmann" und in dem Märchen „Der goldne Topf", allerdings unter unterschiedlichen Vorzeichen. In dem ersten Text sind die Motive des Sehens zumeist verbunden mit Gefühlen von Angst und Verunsicherung. In dem zweiten Text sind Augen und Blicke zumeist mit positiven Assoziationen verknüpft und an die Hauptfigur Anselmus gebunden. Wenn er Serpentina oder

Veronika begegnet oder an sie denkt, werden immer wieder ihre dunkelblauen bzw. blauen Augen erwähnt, die den jungen Mann faszinieren und beeinflussen. Auch bei seinem Kontakt mit dem Archivarius Lindhorst nimmt Anselmus besonders dessen Augen und Blick wahr.

Dies alles verdeutlicht, dass er die Figur ist, die am intensivsten Blickkontakt mit anderen aufnimmt, was insofern von Bedeutung ist, als die Augen schon in der Antike als Spiegel der Seele galten. Wer also einem Menschen genau in die Augen sah, konnte nach dieser Auffassung dort dessen wahren Charakter erkennen. Anselmus ist hierfür sensibler als andere, so erkennt er auch bei der ersten Begegnung mit Lindhorst, dass ihm besonderer Respekt gebührt. Die Motive des Sehens sind hier also insgesamt mit positiveren Vorstellungen verbunden als in dem Nachtstück „Der Sandmann".

Spiegel und Spiegelbilder tauchen im Märchen „Der goldne Topf" mehrfach an zentralen Stellen der Handlung auf, oft erscheinen sie als Instrumente der Magie. Der Archivarius Lindhorst benutzt den Stein eines magischen Rings, dessen Strahlen sich zu einem „hellen, leuchtenden Kristallspiegel" (S. 31, Z. 9) verbinden, um Anselmus ein Bild von Serpentina vor Augen zu führen (vierte Vigilie). Diese spricht aus dem Spiegel zu dem Studenten, der so voller Sehnsucht und „wahnsinnigem Entzücken" (S. 31, Z. 19) ist, dass er die Beherrschung verliert. Lindhorst lässt das Spiegelbild schnell wieder verschwinden. Er erlangt durch das Spiegelbild mehr Einfluss auf Anselmus.

Die Rauerin stellt in einer magischen Zeremonie (siebte Vigilie) einen Zauberspiegel her, der helfen soll, Anselmus für Veronika zu gewinnen. Es ist ein „kleiner runder hellpolierter Metallspiegel" (S. 56, Z. 26), den die junge Frau mit nach Hause nimmt. Durch ihn kann sie Anselmus beobachten, auch wenn er nicht bei ihr ist, und sie gewinnt Einfluss

Motive des Sehens: Spiegel und Spiegelbilder

auf ihn. Vor anderen Menschen versteckt sie den Spiegel. Als der junge Mann bei einem Besuch bei Veronika in den Spiegel blickt, hält er plötzlich Serpentina für Einbildung, und er ist sich sicher, dass er Veronika heiraten möchte. So hat der Zauber der Rauerin zumindest zunächst die erwünschte Wirkung entfaltet.

Auch die Oberfläche des goldenen Topfes spiegelt und erzeugt wechselnde Bilder, die den Wünschen des Betrachters entsprechen. So sieht Anselmus darin zunächst sich selbst unter dem Holunderbusch, dann Serpentina, was dazu führt, dass er „außer sich vor wahnsinnigem Entzücken" (S. 46, Z. 19 f.) ist. Der Erzähler wiederholt hier den bereits zuvor verwendeten Wortlaut. Durch die Formulierung „Es war, als" (S. 46, Z. 14) lässt der Erzähler allerdings erneut offen, ob dies alles nur in Anselmus' Einbildung existiert oder wirklich geschieht. Der Leser kann hierin eine geschickte Beeinflussung des jungen Mannes durch Lindhorst sehen, aber auch ein Anzeichen für Anselmus' fortschreitende geistige Verwirrung, was das Adjektiv „wahnsinnig" (S. 46, Z. 19) andeuten könnte.

Es wird deutlich, dass Spiegel und Spiegelbilder in diesem Märchen die Figuren, vor allem Anselmus, beeinflussen und deren Wünsche offenlegen. Das Spiegelbild erhält so eine übertragene Bedeutung, da es tiefere Einsichten über die Figuren ermöglicht.

Das Motiv des magischen Spiegels kommt als Märchenmotiv nicht nur in der Erzählung „Der goldne Topf" vor, sondern auch in Volksmärchen wie z. B. „Schneewittchen". Ein anderer Text Hoffmanns aus den „Fantasiestücken" stellt das Spiegelmotiv sogar in den Mittelpunkt, nämlich „Die Abenteuer der Sylvester-Nacht". In dieser Erzählung geht es vordergründig um eine Figur, die ihr Spiegelbild abgegeben und damit verloren hat. Dies lässt sich z. B. deuten als Angst vor dem Verlust der eigenen Identität und dem Ausschluss aus der Gesellschaft. Bei Anselmus stehen die unterschiedlichen Spiegelbilder für die Frage, für welche der beiden Welten er sich entscheiden wird. Insofern kann hier eine Parallele gesehen werden, da er sich entscheiden muss, für welche der beiden möglichen Identitäten er sich entscheiden wird und ob er seine bisherige Identität in der bürgerlichen Gesellschaft aufgeben wird.

Die sprachliche Gestaltung

Die Zweiteilung der Welt in Hoffmanns Märchen und das Aufeinandertreffen beider Welten wird auch in sprachlicher Hinsicht besonders gestaltet. Der Erzähler nutzt sprachliche Mittel, um in der Schwebe zu halten, wie das Dargestellte zu beurteilen ist, und um deutlich zu machen, dass er oft lediglich die Wahrnehmungen der Figuren wiedergibt. Dazu nutzt er unterschiedliche Formen von Vergleichen, so bei Anselmus' Vision im Holunderbusch, in der die subjektive Wahrnehmung des jungen Mannes durch Formulierungen wie „es war, als ertönten die Blüten wie aufgehangene Kristallglöckchen" (S. 9, Z. 31f.) wiedergegeben wird. Insbesondere der erste der beiden Vergleiche unterstreicht, dass der Leser nur erfährt, was Anselmus wahrnimmt. So trägt auch diese Art der Darstellung zur Verunsicherung des Lesers bei. Ähnlich geht der Erzähler vor, als Anselmus glaubt, der Archivarius Lindhorst verwandele sich in einen Geier. Hier wird zusätzlich durch die Wahl des Verbs die Subjektivität des Erzählten unterstützt, wenn es heißt, dass es Anselmus „vorkam, als breite ein großer Vogel die Fittige aus zum raschen Fluge" (S. 32, Z. 34f.). Ebenso drückt das Verb „schien" (S. 32, Z. 29) aus, dass die von Anselmus wahrgenommene Verwandlung (Metamorphose) Lindhorsts in einen Geier nicht zwingend wirklich stattfindet. Auch der Konjunktivgebrauch in der Aussage,

Subjektive Wahrnehmungen: Vergleiche und Verbgebrauch

dass Lindhorst „der Geier gewesen sein müsse" (S. 33, Z. 4), macht dies deutlich.

Märchenhafte Vorgänge: Klangfiguren

Die Vision von Serpentina und ihren Schwestern, die Anselmus im Holunderbusch hat, wird vor allem hinsichtlich des Klangs gestaltet. Der Erzähler nutzt Alliterationen, Anaphern, Ausrufe, Lautmalerei (Onomatopoesie) und Wiederholungen, um eine märchenhafte, magische Atmosphäre zu schaffen. Die Kombination der Partizipien „rischelnd und raschelnd" (S. 11, Z. 25) verbindet Alliteration und Lautmalerei. Die Worte, die Anselmus aus dem Holunderbusch zu hören glaubt, sind noch deutlicher mit den genannten Mitteln gestaltet, um eine magische Atmosphäre zu erzeugen: „Zwischendurch – zwischenein – zwischen Zweigen, zwischen schwellenden Blüten, schwingen, schlängeln, schlingen wir uns – [...]" (S. 10, Z. 3f.). Besonders durch die Alliterationen und Wiederholungen klingt dies fast wie ein Zauberspruch und unterstützt so den Eindruck des Märchenhaft-Wunderbaren.

Anselmus' Empfindungen: Komparative und Synästhesie

Wie sehr Anselmus von dem fasziniert ist, was er im Holunderbusch sieht oder zu sehen glaubt, machen Komparative (Steigerungsformen) wie „heißer" und „glühender" (S. 11, Z. 8) anschaulich, die die Intensität seiner Empfindungen ausdrücken. Dies trägt zur Charakterisierung der Figur bei, da Anselmus zu tieferen und intensiveren Gefühlen fähig ist als die anderen Figuren der alltäglich-bürgerlichen Welt. In der Formulierung „Blumen und Blüten dufteten um ihn her, und ihr Duft war wie herrlicher Gesang wie von tausend Flötenstimmen" (S. 11, Z. 10f.) nutzt der Erzähler Synästhesie, da unterschiedliche Sinneswahrnehmungen, hier Geruch und Klang, miteinander verbunden werden. Auch dies trägt zu einer märchenhaft-wunderbaren Atmosphäre bei.

Rezeption

E. T. A. Hoffmanns „Fantasiestücke in Callot's Manier" wurden nach dem Erscheinen der vier Bände in den Jahren 1814/15 von der Kritik überwiegend positiv aufgenommen. Die Veröffentlichung der beiden Bände der „Nachtstücke" in den Jahren 1816/17 steigerte die Popularität des Autors beim Lesepublikum. Die „Fantasiestücke" erschienen 1819 bereits in zweiter Auflage, was ebenfalls auf den Erfolg der Werke Hoffmanns hinweist. Auch im Ausland wurde Hoffmanns Werk schnell wahrgenommen, eine Übersetzung des ersten Bandes der „Fantasiestücke" ins Französische erfolgte bereits 1814.

Positive Reaktionen auf das Werk

Johann Wolfgang von Goethe (1749–1832) als vielleicht einflussreichster deutscher Schriftsteller der Zeit um 1800 jedoch lehnte Hoffmanns Märchen „Der goldne Topf" ab und äußerte sich abfällig über den Text. Goethe schien insgesamt kein Freund des Hoffmann'schen Werkes zu sein. Er warnte geradezu davor, sich mit Hoffmanns Texten zu beschäftigen oder diese zum Vorbild zu nehmen. Zu dieser Abwertung passt es, dass Hoffmann in Deutschland im weiteren Verlauf des 19. Jahrhunderts eher unbeachtet blieb oder abgelehnt wurde. Den Autoren der Vormärz-Literatur (ca. 1830–1848), die für eine politische Aufgabe der Literatur plädierten, waren Werke wie „Der goldne Topf" zu unpolitisch. Selbst Romantiker wie Joseph von Eichendorff (1788–1857) standen Hoffmann kritisch gegenüber. Vielen Menschen des 19. Jahrhunderts galt Hoffmann als Autor trivialer Gruselgeschichten oder, aufgrund seiner Darstellung von Menschen mit Angstzuständen und psychischen Traumatisierungen, selbst als psychisch labil oder krank – ein Urteil, das bereits Goethes Aussagen über Hoffmann nahegelegt hatten.

Ablehnung in Deutschland

Popularität
Hoffmanns im
Ausland
Ganz anders gestaltete sich der Umgang mit Hoffmanns Werken in anderen Ländern. In England schätzte man seine am Vorbild des englischen Schauerromans, der Gothic Novel, orientierten „Nachtstücke", in Frankreich und Russland galt er ebenfalls als wichtiger deutscher Schriftsteller, dessen Werke in vielfältiger Weise aufgenommen und auch musikalisch verarbeitet wurden. Hoffmanns Märchen „Nussknacker und Mausekönig" wurde zunächst von dem französischen Schriftsteller Alexandre Dumas d. Ä. für eine französische Fassung übertragen und bearbeitet, auf deren Grundlage später der russische Komponist Pjotr Iljitsch Tschaikowski (1840–1893) sein berühmtes Ballett „Der Nussknacker" komponierte. Auch die Oper „Hoffmanns Erzählungen" (1851 uraufgeführt) des deutsch-französischen Komponisten Jacques Offenbach (1819–1880) basiert auf Werken Hoffmanns, z. B. auf dem Nachtstück „Der Sandmann". Dies macht deutlich, wie populär seine Werke in anderen Ländern bereits im 19. Jahrhundert waren und wie produktiv sie verarbeitet wurden.

Wiederent-
deckung im
20. Jahrhundert
Die Wahrnehmung Hoffmanns und seiner Werke in Deutschland änderte sich im 20. Jahrhundert wieder. Seine Bedeutung als wichtiger Schriftsteller der Epoche der Romantik wurde stärker hervorgehoben, seine Werke intensiver rezipiert. Das Märchen „Der goldne Topf" rückte dabei immer mehr in das Zentrum der Aufmerksamkeit und gilt heute als eines der zentralen Werke nicht nur Hoffmanns, sondern der Epoche der Romantik insgesamt. In der Entwicklung der Hauptfigur Anselmus zum Dichter und in der im sagenhaft-utopischen Atlantis erreichten Wiederherstellung der Einheit von Mensch und Natur sieht man heute eine wichtige und gelungene Ausprägung romantischer Vorstellungen und Ideale. Es gibt inzwischen mehrere Bearbeitungen des Werkes für das Theater bzw. Musiktheater. Der deutsche Schriftsteller Uwe Tellkamp (geb. 1968) beschreibt in seinem Roman „Der Turm" (2008), der vom

Theateraufführung „Der goldne Topf", Staatsschauspiel Dresden, 2010

Leben in der damaligen DDR vor dem Mauerfall 1989 handelt, eine Aufführung von Hoffmanns Märchen „Der goldne Topf" im Dresden der 1980er-Jahre.

Am Staatsschauspiel in Dresden hatte im Jahr 2010 eine neue Bühnenfassung des Märchens „Der goldne Topf" Premiere, was deutlich macht, dass Hoffmanns Text bis heute seine Aktualität bewahrt hat.

Das Märchen „Der goldne Topf" in der Schule

Der Blick auf die Figuren: Die Personencharakterisierung

Eine literarische Figur charakterisieren – Tipps und Techniken

Um einen Erzähltext verstehen zu können, ist es sinnvoll, sich ein möglichst genaues Bild von den Handlungsträgern – den Figuren eines Romans, einer Erzählung oder Novelle – zu machen. Diese in der Schule häufig eingeforderte Textsorte bezeichnet man als Charakterisierung. Dabei liegt die Herkunft des Wortes „Charakter" im Griechischen, es meint so viel wie „eingekerbtes Zeichen, Wesen, Eigentümlichkeit". Spricht man folglich vom Charakter eines Menschen, meint man das Ganze seiner Erfahrungen, unverwechselbaren und einzigartigen Eigenschaften und Verhaltensweisen, welche die Grundlage seines Denkens, Fühlens und Handelns darstellen. Die Charakterisierung einer literarischen Figur kann auf zwei Weisen erfolgen: direkt oder indirekt; direkt durch Selbstaussagen der Figur, sie kann auch durch die Aussagen anderer Figuren erfolgen. In diesem Fall sollte der Interpret sehr sorgfältig vorgehen, da die Aussagen anderer Figuren über den Helden bzw. die Heldin nicht immer sachlich zutreffend sein müssen. Als indirekte Charakterisierung bezeichnet man diejenigen Aspekte, welche die Leserin oder der Leser aus dem Verhalten der Figur erschließt. Auch hier sollte sich der Interpret darüber im Klaren sein, dass seine Einschätzung der Figur eine Deutung darstellt, die der Überprüfung und sinnvoller Textbelege bedarf.

Beim Verfassen einer schriftlichen Charakterisierung einer literarischen Figur ist folgendes Vorgehen empfehlenswert:

1. Einleitung:

Informieren Sie darüber, um welchen Text bzw. welche literarische Figur es geht. Nennen Sie hierfür den Autor, den Titel und die Textsorte (Roman, Erzählung, Drama, Novelle, Kurzgeschichte o. Ä.). Welche Funktion hat die Figur im Ganzen?

2. Hauptteil:

Dies ist der Kern Ihrer Charakterisierung. Gehen Sie dabei systematisch vor und beachten Sie folgende Leitfragen. Dabei legen Sie eigenständig Schwerpunkte fest. Es liegt auf der Hand, dass nicht alle der hier aufgeführten Fragen gleichermaßen wichtig sein können.

a. Personalien, sozialer Status und äußeres Erscheinungsbild

- Was wissen Sie über Name, Geschlecht, Alter und Beruf der Figur?
- Gibt es auffällige äußere Merkmale (Aussehen, Kleidung, unverwechselbare äußere Merkmale)?
- In welchen Lebensverhältnissen (soziales Umfeld) lebt die Figur?
- Haben Sie Informationen zur Vorgeschichte/ Biografie/Herkunft der Figur?

b. Zentrale Charaktereigenschaften

- Welche typischen Verhaltensweisen, Eigenarten und Gewohnheiten sind erkennbar?
- Welches sind die bedeutendsten Charakterzüge bzw. Wesensmerkmale?
- Welches Bild hat die Figur von sich selbst (Selbstbewusstsein, Arroganz, geringes Selbstwertgefühl …)?
- Über welches Weltbild und welche inneren Einstellungen verfügt die Figur?

- Gibt es im Laufe der Handlung eine Entwicklung der Figur, verändert sie sich? In welcher Weise geschieht dies?
- Wie stellen sich das Verhältnis und die Beziehung zu anderen Figuren dar?
- Auf welche Art und Weise wird die Figur von ihrer sozialen Umwelt wahrgenommen?
- Welche Umstände bestimmen ihr Dasein, was ist besonders prägend?

c. Sprachgebrauch und Sprachverhalten

- Was ist allgemein am Sprachgebrauch der Figur auffällig, wie lässt sich dieser beschreiben?
- Gibt es auf Satz- und Wortebene (Syntax, Wortwahl) Besonderheiten (z. B. Satzabbrüche, viele Ausrufe, unvollständige Satzkonstruktionen o. Ä.)?
- Welche nonverbalen Botschaften transportiert die Figur (z. B. durch den betonten Einsatz von Mimik, Gestik und Körperhaltung)?
- Wie verhält sich die Figur in den Gesprächen mit ihren Mitmenschen? Geht sie auf andere zu, macht sie Gesprächsangebote und setzt Impulse oder aber ist sie ein eher passiver und zurückhaltender Gesprächspartner?

3. Schlussteil: Zusammenfassende Bewertung

Im Schlussteil erfolgt eine Zusammenfassung der Ergebnisse. Dabei können Sie sich an folgenden Leitfragen orientieren:

- Welche Gesamtdeutung der Figur ergibt sich aus den im Hauptteil dargelegten Erkenntnissen? Wie ist die Figur im Erzählkontext zu bewerten?
- Was soll durch die Installierung dieser Figur beim Leser erreicht werden?

Im Folgenden werden Ihnen beispielhafte Charakterisierungen zu den wichtigsten Figuren aus E. T. A. Hoffmanns Märchen „Der goldne Topf" vorgestellt. Sie dienen einer ersten Orientierung. Dabei erheben sie keinesfalls einen Anspruch auf Vollständigkeit, sondern sollen als Impuls für die eigene Weiterarbeit verstanden werden. Anders als in der epischen Großform des Romans kommen in einem Märchen, wie es für die Gattung typisch ist, sehr viel weniger Figuren vor. In E. T. A. Hoffmanns Märchen „Der goldne Topf" sind es im Vergleich zum Volksmärchen zwar mehr Figuren, trotzdem ist deren Zahl überschaubar. Diese Figuren lassen sich im Kontext der Handlung den zwei Bereichen alltäglich-bürgerliche Welt und märchenhaft-fantastische Welt zuordnen.

Die Hauptfigur des Märchens, Anselmus, verbindet beide Bereiche, da er der alltäglich-bürgerlichen Welt entstammt, sich aber schließlich für ein Leben in der märchenhaft-fantastischen Welt entscheidet. Um diesen Entwicklungsprozess der Hauptfigur voranzutreiben, benötigt der Erzähler die weiblichen Figuren Serpentina und Veronika, die als Gegenspielerinnen um die Gunst von Anselmus wichtig sind und zugleich jeweils eine der beiden dargestellten Welten repräsentieren. Der alltäglich-bürgerlichen Welt sind außerdem der Registrator Heerbrand und der Konrektor Paulmann zugeordnet. Sie sind als Figuren eher eindimensional angelegt, anders als Anselmus, der im Laufe der Handlung eine Entwicklung durchmacht. Der Archivarius Lindhorst und die Rauerin, die zu Beginn der Handlung als Äpfelweib auftritt, sind der märchenhaft-fantastischen Welt zuzuordnen, wenngleich sie in der bürgerlichen Welt leben und Merkmale dieser angenommen haben. Diese beiden Figuren sind als Kontrahenten um Anselmus angelegt und vertreten unterschiedliche Arten von Magie. Wie im Märchen üblich gibt es Gut und Böse, Lindhorst ist hier der gute Magier, die Rauerin die böse Hexe. Die geringe Zahl anderer Figuren, die in der Handlung vorkommen, kann hier vernachlässigt werden, da sie die Handlung nicht vorantreiben und auch nur an einzelnen Stellen kurz vorkommen. Dies sind zum einen Veronikas Schwester Fränzchen und die Schwestern Oster, Freundinnen von Veronika, zum anderen ist dies die Bürgerfamilie, deren Begegnung mit Anselmus zu Beginn der zweiten Vigilie dargestellt wird.

Anselmus – die Hauptfigur des Märchens

1. Einleitung Anselmus ist die Hauptfigur des Märchens „Der goldne Topf", welches 1813/14 von dem romantischen Dichter E. T. A. Hoffmann geschrieben wurde. Die berühmte Erzählung erschien erstmals 1814 im ersten Teil von Hoffmanns Sammlung „Fantasiestücke in Callot's Manier", die ganz unterschiedliche Texte vereinte. An der Figur verdeutlicht der Autor die Entwicklung eines jungen Mannes, der sich zwischen zwei Frauen und zwei Lebensentwürfen entscheiden muss.

2. Hauptteil:
Hintergrund des
Namens Den Namen Anselmus wählte Hoffmann eventuell deshalb, weil der Geburtstag der von ihm in seiner Bamberger Zeit verehrten und geliebten Gesangsschülerin Julia Marc der Namenstag von Anselmus war. Möglicherweise wollte der Autor so an sie erinnern bzw. die von ihm erlebte unglückliche Liebe verarbeiten.

Auffällige äußere
Merkmale Der Erzähler erwähnt zu Beginn den „kräftigen Wuchse des Jünglings" (S. 6, Z. 9f.). Sein Körperbau wirkt also groß und kräftig, evtl. auch etwas grob und unbeholfen. Deshalb verzeihen ihm die Umstehenden, dass er den Korb des Äpfelweibes umgeworfen hat. Hinzu kommt, dass er ein angenehmes Gesicht hat, das als „wohlgebildet" (S. 6, Z. 8) beschrieben wird. Seine Kleidung beschreibt der Erzähler als unmodisch und unangemessen. Sowohl die Farbe – es ist ein „hechtgrauer Frack" (S. 6, Z. 11) – wirkt unpassend als auch der Schnitt seines Anzuges, der ironisch

mit dem Hinweis, der Schneider habe „die moderne Form nur vom Hörensagen gekannt" (S. 6, Z. 13), kommentiert wird. Insgesamt ruft Anselmus' Erscheinung zu Beginn der Handlung eher Mitleid oder Spott hervor.

Der Leser erfährt nur wenig über das soziale Umfeld von Anselmus. Seine Herkunftsfamilie wird nicht erwähnt, seine genaueren Lebensverhältnisse bleiben ebenfalls unklar, der Erzähler teilt nur mit, dass er Student ist und in Dresden lebt. Vermutlich stammt Anselmus auch aus dieser Stadt oder ihrer Umgebung, da er beklagt, dass er, obwohl er studieren kann, ein „Kümmeltürke" (S. 7, Z. 25) bleiben muss, also jemand, der aus der näheren Umgebung seiner Universität stammt und nicht seinen Horizont durch einen Ortswechsel erweitern kann. Als Student verfügt Anselmus nur über begrenzte finanzielle Mittel. Als er aus seinem „kleinen nicht eben besonders gefüllten Geldbeutel" (S. 5, Z. 12f.) das Äpfelweib entschädigen muss, dessen Korb er umgerannt hat, muss er seine Pläne für den Himmelfahrtstag ändern, da ihm das notwendige Geld fehlt. Der Himmelfahrtstag ist ihm wichtig, da er für ihn „immer ein besonderes Familienfest" (S. 6, Z. 28f.) gewesen ist. In Dresden hat der junge Mann mit dem Konrektor Paulmann einen Freund und Förderer, der deutlich älter ist als Anselmus und ihn in seine Familie einlädt.

Soziales Umfeld

Anselmus ist zu Beginn ein eher unsicherer, unruhiger und ungeschickter junger Mann. Seine Unruhe und Hektik äußern sich darin, dass er sich sehr schnell bewegt, was die Formulierungen des Erzählers verdeutlichen, dass der junge Mann „rannte" (S. 5, Z. 3) und anschließend „noch mehr seine Schritte [beflügelte]" (S. 5, Z. 23), bis er ganz außer Atem ist. Dies ist zum einen der Grund für seinen Zusammenstoß mit dem Äpfelweib, zugleich aber auch seine Reaktion hierauf, da ihm die Situation und die Aufmerksamkeit der Umstehenden unangenehm sind und er sich dieser Situation schnell entziehen möchte. An der

Zentrale Charaktereigenschaften

Stelle wird seine Unsicherheit im Umgang mit anderen Menschen deutlich. Dass er ungeschickt und tollpatschig ist, macht Anselmus selbst an einigen Beispielen deutlich, die ihm nach dem Vorfall durch den Kopf gehen (vgl. S. 7 f.). Dies zeigt außerdem, dass er zu Selbstmitleid neigt, da er viel Energie darauf verwendet, sein eigenes Schicksal zu beklagen. Er tut dies in einem Selbstgespräch, da er möglicherweise eher ein Einzelgänger ist und etwas naiv darüber nachdenkt, wie er mit jungen Mädchen in Kontakt kommen könnte, dies aber nicht in die Tat umsetzt. Gleichzeitig ist er ein geschickter Schreiber mit künstlerischer Begabung, weshalb sein Freund, der Konrektor Paulmann, ihm „Hoffnung zu einem Schreiberdienste" (S. 8, Z. 29 – S. 9, Z. 1) macht und ihn später, zusammen mit dem Registrator Heerbrand, an den Archivarius Lindhorst vermittelt. Seine musikalischen Fähigkeiten werden bei der gemeinsamen Hausmusik bei Paulmanns deutlich (vgl. S. 17). Außerdem verfügt der junge Mann über Fantasie und einen Sinn für Poesie, was sich z. B. zeigt, als er die Vision im Holunderbusch hat. Er sucht einerseits zwar noch nach rationalen Erklärungen und ist damit dem Geist der Epoche der Aufklärung und der bürgerlichen Welt verhaftet, andererseits ist er offen und empfänglich für das Märchenhaft-Wunderbare. In dem Konflikt zwischen diesen beiden Welten, in den Anselmus im Laufe der Handlung gerät, zeigt sich, dass der junge Mann zur Melancholie neigt und sich in dieser Gemütsverfassung in die Natur zurückzieht und den Umgang mit anderen Menschen meidet (vgl. S. 26 ff.).

Selbstbild Sein Selbstbild ist, zumindest zu Beginn der Handlung, eher negativ. Missgeschicke stehen in seiner Wahrnehmung im Vordergrund, und er bemitleidet sich selbst, dass er immer wieder in unangenehme Situationen gerät. Er hält sich für einen Pechvogel und sieht sich als vom Unglück verfolgt.

Anselmus durchläuft in dem Märchen eine intensive Entwicklung, die sich vor allem aus seiner Begegnung und Auseinandersetzung mit der Welt des Märchenhaft-Wunderbaren ergibt, die Anselmus beeinflusst und verwandelt. Diese Entwicklung verläuft jedoch nicht geradlinig, sondern in Phasen und ist unterbrochen von Rückschritten. Die erste Begegnung mit dem Märchenhaften, die Vision im Holunderbusch, fasziniert Anselmus und führt zu intensiven und ihm bis dahin unbekannten Gefühlen, aber auch zu Zweifeln. Im Laufe der Handlung stellt der Student wiederholt infrage, ob es die von ihm wahrgenommenen fantastischen Dinge, die ihn immer stärker in ihren Bann ziehen, wirklich gibt. Er geht dann auf Distanz hierzu und wendet sich wieder der bürgerlichen Welt zu. Schließlich entscheidet er sich jedoch vorbehaltlos für ein Leben mit Serpentina, der Tochter des Archivarius Lindhorst, im sagenhaften Atlantis, wo er sein Glück findet. Seine Entwicklung lässt sich außerdem mit Blick auf seine poetisch-künstlerische Veranlagung und seine Tätigkeit als Kopist beschreiben. Zunächst besteht seine Aufgabe für den Archivarius lediglich darin, Texte abzuschreiben. „Von Serpentina und der Liebe zu ihr geleitet entwickelt sich Anselmus' Fantasie."[1] So wird der junge Mann schließlich zum Künstler und Dichter, der seine Veranlagung ausleben kann. Die erfolgreiche Tätigkeit für den Archivarius Lindhorst macht ihn zudem selbstbewusster und sicherer.

Dass Anselmus sich gelegentlich in Tagträumen und Selbstgesprächen verliert, zeigt, dass er zumindest teilweise von der Gesellschaft isoliert ist. Engeren Kontakt hat er nur zur Familie Paulmann. Der Konrektor Paulmann ist sein Freund, dessen Tochter Veronika Paulmann träumt von einer gemeinsamen Zukunft mit dem jungen Mann,

Entwicklung

Verhältnis zu anderen Figuren

---

[1] Hartmut Steinecke: E. T. A. Hoffmann. Stuttgart: Reclam Verlag 1997, S. 85.

was von diesem phasenweise erwidert wird. Gleichzeitig kommt er in immer engeren Kontakt mit dem Archivarius Lindhorst und dessen Tochter Serpentina, die er ebenfalls liebt. Diese Beziehung möchte die Rauerin (das Äpfelweib), die Feindin Lindhorsts, verhindern. Bei Anselmus löst sie Ängste aus, die die Ursache für seinen Zusammenbruch vor dem Haus Lindhorsts sein könnten (vgl. S. 20).

Wahrnehmung durch die soziale Umwelt

Seine Mitmenschen reagieren vielfach mit Unverständnis auf Anselmus und seine Offenheit gegenüber dem Märchenhaften. Die Bürgerfamilie, die nach seiner Vision im Holunderbusch auf ihn trifft, hält ihn für wahnsinnig oder bestenfalls betrunken (vgl. S. 12 ff.). In jedem Fall erscheint sein Verhalten den Bürgern, den Philistern, als unangemessen. Ein ähnliches Wahrnehmungsmuster zeigt der Konrektor Paulmann. Wenn der Student von seinen Erlebnissen und Erfahrungen mit dem Wunderbaren berichtet, glaubt Paulmann, Anselmus müsse von Sinnen sein. Nur wenn der junge Mann nach bürgerlichen Maßstäben vernünftig handelt, kann der Freund ihm positive Gefühle entgegenbringen.

3. Schlussteil: Einordnung in die Epoche

Anselmus gilt vielfach als typisch romantischer Charakter, da er wichtige Merkmale der Epoche verkörpert. Er ist ein poetisch veranlagter Fantasiemensch, der offen ist für das Wunderbare, das sich dem Verstand entzieht. Er entspricht dem Typus des Sonderlings, dem die soziale Umwelt mit Unverständnis oder Vorwürfen begegnet. Sein Verhalten können seine Mitmenschen oft nicht verstehen. Daher isoliert er sich zum Teil von der Gesellschaft und zieht sich in die Natur zurück, auch dies ein typisch romantisches Motiv. Dies gilt auch für das Gefühl der Sehnsucht, das Anselmus während und nach der ersten Begegnung mit Serpentina empfindet, einer Sehnsucht, die mehr ist als nur das Verlangen nach der Geliebten. Im sagenhaften Atlantis gelingt es ihm, Mensch und Natur wieder in Einklang zu bringen, womit er eine romantische Utopie erfüllt.

Die Entwicklung der Figur kann verstanden werden als gelungenes Beispiel eines poetisch veranlagten jungen Menschen zum Dichter. Dies ist verbunden mit dem Ortswechsel, den Anselmus am Ende vollzieht. Sein Weg führt von Dresden, einem realen Ort, ins sagenhafte Atlantis, das Märchenland.

Entwicklung zum Dichter

Die Entwicklung von Anselmus wird mitunter als Geschichte einer zunehmenden geistigen Verwirrung gelesen. Dieser psychologische Deutungsansatz übernimmt zum Teil die Sichtweise der Figuren der alltäglich-bürgerlichen Welt und interpretiert die Erlebnisse des jungen Mannes mit der märchenhaft-fantastischen Welt als Ausdruck von Wahnvorstellungen, die dazu führen, dass sich der Student zunehmend von seiner Umwelt entfremdet und isoliert und schließlich seine Traumwelt nicht mehr verlässt.

Weitere Deutungsansätze

Ein anderer Deutungsansatz sieht das Verhalten von Anselmus als Reaktion auf die umfassenden politischen, gesellschaftlichen und wirtschaftlichen Veränderungen der Zeit um 1800, in der die Handlung des „Märchens aus der neuen Zeit" angesiedelt ist. Folgt man diesem Ansatz, dann sind Anselmus' Hast und Hektik Symptome dieser Veränderungen, die zu Beginn der Handlung deutlich werden.

Zusammenfassend lässt sich festhalten, dass die Figur Anselmus, ebenso wie das gesamte Märchen, bewusst so angelegt ist, dass unterschiedliche Deutungen möglich sind.

Der Archivarius Lindhorst – Vertreter der märchenhaften Welt

Das romantische Märchen „Der goldne Topf" des deutschen Schriftstellers E. T. A. Hoffmann zeichnet sich durch eine Zweiteilung der Welt und der Figuren in eine märchenhaft-fantastische und eine alltäglich-bürgerliche Sphäre aus. Der Archivarius Lindhorst ist der Hauptvertreter der märchenhaften Welt. Die berühmte Erzählung erschien

1. Einleitung

erstmals 1814 im ersten Band von Hoffmanns Sammlung „Fantasiestücke in Callot's Manier". Der Begriff des
Fantasiestückes bzw. der Fantasie stammt eigentlich aus
der Musik und bezeichnet dort ein Musikstück, das freier
gestaltet werden kann. Diese Freiheit nimmt sich Hoffmann bei seinem Text „Der goldne Topf" z. B. in der Art,
dass er ihn als „Ein Märchen aus der neuen Zeit" kennzeichnet und damit die Gattung des Märchens neu und
freier gestaltet. Dazu gehört, dass Figuren wie der Archivarius Lindhorst in beiden genannten Welten leben und
neben ihrer märchenhaften auch eine alltäglich-bürgerliche
Existenz haben.

2. Hauptteil:
Name, Herkunft,
Beruf

Der Archivarius Lindhorst gehört eigentlich der märchenhaft-wunderbaren Welt an, lebt aber in der alltäglich-
bürgerlichen Sphäre. Hier übt er als königlicher Archivarius
eine angesehene Tätigkeit im Staatsdienst aus, die ihm
einen gehobenen Lebensstil ermöglicht. Er stammt jedoch
„aus dem wunderbaren Geschlecht der Salamander"
(S. 61, Z. 36 f.) und hat sein früheres Leben im sagenhaften
Atlantis verbracht. So zumindest erzählt es seine Tochter
Serpentina, als sie dem Angestellten ihres Vaters, Anselmus, von der Herkunft ihrer Familie und ihres Vaters berichtet (vgl. S. 61 ff.). In Atlantis hat Lindhorst als Salamander dem Geisterfürsten Phosphorus gedient. Der Salamander ist dort ein Elementargeist, ein mythisches, halb
göttliches Naturwesen, gewesen. Als solches ist er in Atlantis dem Element des Feuers zugeordnet. Der Geisterfürst
soll dem Salamander besonders zugetan gewesen sein, bis
dieser sich in eine grüne Schlange verliebt, die er jedoch
nicht umarmen darf. Er tut dies trotzdem, entgegen der
Anweisung des Geisterfürsten, und die Schlange zerfällt zu
Asche. Der Salamander ist so verzweifelt, dass er „Feuer
und Flammen sprühend" (S. 62, Z. 29 f.) durch den Garten
des Phosphorus läuft und alles zerstört. Daraufhin wird der
Salamander dazu verdammt, als Mensch unter Menschen

zu leben und deren alltägliche Bedürfnisse und Nöte zu teilen. Er kann erst erlöst werden, wenn er seine drei Töchter, die aus der Verbindung mit der grünen Schlange hervorgegangen sind, an drei Jünglinge verheiratet hat, die die entsprechenden Voraussetzungen mitbringen. Lindhorst selbst erzählt im Kaffeehaus, dass er sehr alt sei, da sein Vater bereits vor 385 Jahren verstorben sei. Außerdem habe er einen Bruder, der unter Drachen lebe und ihn gelegentlich besuche. Dies wird von den Zuhörern jedoch nicht ernst genommen und als erfunden abgetan (vgl. S. 23 f.).

Der Archivarius wird zumeist in der Wahrnehmung anderer Figuren beschrieben, deren Perspektive unterschiedlich ist. Vertretern der bürgerlichen Welt wie dem Konrektor Paulmann und dem Registrator Heerbrand erscheint er als ein „alter wunderlicher merkwürdiger Mann" (S. 17, Z. 30). Für Anselmus hingegen ist er eine eindrucksvolle Gestalt, deren Augen und Stimme bereits bei den ersten Begegnungen Respekt gebieten und dem Studenten sogar etwas Angst machen. Wenn Lindhorst zu Hause ist, trägt er oft einen Schlafrock aus Damast, einem wertvollen Material. Auch bei seinem Kampf mit der Rauerin trägt er dieses Kleidungsstück, welches magische Eigenschaften hat und ihm dabei hilft, die Hexe zu besiegen (vgl. S. 79 f.).

Auffällige äußere Merkmale

Lindhorst lebt mit seinen drei Töchtern in einem alten, abgelegenen Haus am Stadtrand von Dresden. Das Haus besteht aus zahlreichen Räumen und ist ein märchenhafter Ort, an dem es wundersame sprechende Tiere und eindrucksvolle Pflanzen gibt, z. B. im Palmbaumzimmer. Die Töchter des Archivarius treten zumeist in Schlangengestalt auf. Serpentina, eine der Töchter, nimmt im Umgang mit Anselmus allerdings auch einmal Menschengestalt an (vgl. S. 60). In Dresden führt die Familie ein bürgerliches Leben, zu dem es gehört, dass die Töchter Klavierunterricht erhalten und der Vater in seiner Freizeit das Kaffeehaus besucht.

Soziales Umfeld

Typische Verhaltensweisen und Eigenarten

Der Archivarius zeigt einerseits typisch bürgerliche Verhaltensweisen und Eigenarten. Er verbringt seine Freizeit im Kaffeehaus, erzählt dort Geschichten und trifft auf Menschen seines Standes. Er sorgt sich um seine Töchter, ermöglicht ihnen eine musikalische Ausbildung und ist bemüht, einen passenden Ehepartner für sie zu finden. Auch sein Interesse an Büchern und alten Handschriften ist ein typisch bildungsbürgerliches. Er verfügt über eine große Bibliothek, was diese Vorliebe unterstreicht. Andererseits hebt er sich von Beginn an von seiner bürgerlichen Umwelt ab. Er erzählt im Kaffeehaus die mythologische Geschichte von Atlantis und dem Geisterfürsten Phosphorus, die seinen Zuhörern unglaubwürdig und übertrieben erscheint (vgl. S. 20 ff.). Immer wieder wird deutlich, dass er über übernatürliche Fähigkeiten verfügt, so kann er durch ein Fingerschnippen Funken erzeugen und eine Pfeife damit anzünden (vgl. S. 66). Allerdings werden diese besonderen Fähigkeiten vor allem von Anselmus wahrgenommen, der auch glaubt, Lindhorst könne sich in einen Geier verwandeln (vgl. S. 32 ff.). Der Erzähler lässt an dieser wie an anderen Stellen offen, ob dies nur in Anselmus' Fantasie geschieht oder ob der Archivarius wirklich über diese Fähigkeiten verfügt.

Bedeutende Charakterzüge und Wesensmerkmale

Andere Figuren beschreiben Lindhorst als unbeherrscht und jähzornig. Als ein Beleg hierfür kann die Bestrafung von Anselmus angesehen werden, nachdem er einen Tintenfleck auf einem der Manuskripte hinterlassen hat (vgl. S. 74 ff.). Der Archivarius verfügt über Macht und Einfluss und ist sich dessen bewusst. Neben magischen Eigenschaften zeigt er ganz menschliche Charakterzüge wie Schadenfreude, wofür Serpentina um Verständnis bittet, da ihr Vater als übernatürliches Wesen unter Menschen leben und deren Lebenssituation teilen müsse (vgl. S. 64).

Entwicklung

Der Archivarius Lindhorst an sich entwickelt sich im Laufe der Handlung zwar nicht, doch die Wahrnehmung der

Figur durch die anderen Charaktere und den Leser verändert sich insofern, als seine Macht und seine magischen Fähigkeiten immer deutlicher hervortreten. Während er in den Aussagen der anderen Figuren zunächst als etwas verschrobener Mensch, als Sonderling, vorgestellt wird, zeigt sich nach und nach immer deutlicher, dass er über außergewöhnliche Fähigkeiten verfügt. Dies steigert sich bis zur entscheidenden Auseinandersetzung mit der Rauerin, aus der Lindhorst siegreich hervorgeht. Die Mächte des Bösen kann er besiegen, und seine herausragende Stellung wird hier besonders deutlich. Daraus ergibt sich fast schon konsequent, dass in der letzten Vigilie sogar der Erzähler den Rat des Archivarius braucht, um das Märchen fertigzustellen.

Die Rauerin ist die Gegenspielerin Lindhorsts. Beide konkurrieren um Anselmus, ihre Auseinandersetzung findet ihren Höhepunkt in dem Kampf, in dem der Archivarius die Hexe besiegt. Zu den anderen Figuren pflegt Lindhorst ein gutes Verhältnis. Er ist angesehen und zumeist höflich, wenngleich er manchmal etwas schroff wirkt. Verhältnis zu anderen Figuren

Der Archivarius Lindhorst ist mit der märchenhaften und der bürgerlichen Welt verbunden, da er aus dem Märchenland Atlantis stammt, aber zu einem Leben unter den Menschen verdammt wurde, bis er seine drei Töchter verheiratet hat. Seine herausragende Stellung in der märchenhaft-wunderbaren Welt tritt im Laufe der Handlung des Märchens immer deutlicher zutage. Er verfügt über magische Kräfte und kann andere, böse Mächte besiegen. Der Leser erfährt hiervon allerdings vor allem durch den Erzähler und aus der Sicht von Anselmus. Andere Figuren der alltäglich-bürgerlichen Welt nehmen ihn vor allem in der Rolle, die er in ihrer Welt spielt, wahr. 3. Schlussteil

Konrektor Paulmann und Registrator Heerbrand – die Repräsentanten der bürgerlichen Welt

1. Einleitung

Das romantische Märchen „Der goldne Topf" des deutschen Schriftstellers E. T. A. Hoffmann zeichnet sich durch eine Zweiteilung der Welt und der Figuren in eine märchenhaft-fantastische und eine alltäglich-bürgerliche Sphäre aus. Bei dem Konrektor Paulmann und dem Registrator Heerbrand handelt es sich um die beiden Hauptvertreter der alltäglich-bürgerlichen Welt, die ähnliche Vorstellungen und Werte vertreten. Seinen Text „Der goldne Topf" bezeichnet Hoffmann als „Ein Märchen aus der neuen Zeit". Hierzu gehört, dass mit dem Konrektor Paulmann und dem Registrator Heerbrand zwei Figuren auftreten, von denen der Erzähler behauptet, sie seien reale Personen und würden „noch jetzt in Dresden umherwandeln" (S. 27, Z. 25), was für ein Märchen sehr ungewöhnlich ist.

2. Hauptteil: Namen und Berufe

Beide Figuren sind erwachsene Männer, die einem Beruf nachgehen. Dieser wird immer anstelle des Vornamens genannt, der Leser erfährt die Vornamen nicht. Beide Figuren werden über die Nennung ihres Berufes – Konrektor bzw. Registrator – als Mitglieder der bürgerlichen Welt gekennzeichnet, für die die soziale Stellung, die sie durch ihre Tätigkeit erreicht haben, wichtig ist. Sie arbeiten im öffentlichen Dienst, der Konrektor als Stellvertreter des Rektors einer Schule, der Registrator als Kanzleibeamter, der später zum Hofrat aufsteigt.

Familienverhältnisse

Der Konrektor Paulmann lebt zusammen mit seinen beiden Töchtern Fränzchen, zwölf Jahre alt, und Veronika, 16 Jahre alt, in einer Wohnung in einem Stadtteil von Dresden, der Pirnaer Vorstadt (vgl. S. 14). Die Mutter der beiden Mädchen wird nicht erwähnt. Über die Lebensverhältnisse des Registrators Heerbrand erfährt der Leser nur wenig, er muss jedoch unverheiratet sein, da er gegen Ende der Handlung um Veronikas Hand anhält.

Die beiden Männer sind gut miteinander bekannt, vermutlich befreundet. Sie verbringen häufig die Freizeit zusammen, z. B. bei gemeinsamen Feiertagsausflügen oder abends im Kaffeehaus. Heerbrand ist außerdem regelmäßig im Hause Paulmann zu Gast, so z. B. nach dem Ausflug am Himmelfahrtstag. Er besucht die befreundete Familie aber auch zu anderen Zeiten, einmal bringt er zu einem Besuch bei Paulmanns unaufgefordert die Zutaten mit, aus denen ein „köstlicher Punsch" (S. 70, Z. 3) gemischt wird. Bei der Darstellung des Punschabends spricht der Erzähler von Paulmann, Heerbrand und Anselmus, der mit der Familie Paulmann befreundet ist, ausdrücklich als „Freunden" (S. 70, Z. 5).

Gemeinsame Freizeitgestaltung

Beide Figuren vertreten typische bürgerliche Wertvorstellungen. Obwohl sie nicht in ihrer Berufsausübung gezeigt werden, wird durch die ständige Erwähnung ihres Berufes bzw. ihrer Dienstbezeichnung deutlich gemacht, dass dieser einen großen Stellenwert für sie und ihr Selbstbild besitzt. Wenn sie mit Anselmus sprechen oder über ihn reden, thematisieren beide ebenfalls wiederholt dessen berufliche Perspektiven, was den Stellenwert von Beruf und Karriere unterstreicht. Schon vor Beginn der Handlung des Märchens hat Paulmann dem Studenten Anselmus „Hoffnung auf einen Schreiberdienste" (S. 8, Z. 29– S. 9, Z. 1) gemacht. Diese Idee verfolgen Paulmann und Heerbrand konsequent weiter, indem sie den jungen Mann zunächst mit ihrem Plan bekannt machen und den Kontakt zum Archivarius Lindhorst, für den Anselmus Schreibarbeiten erledigen soll, herstellen. Nach den anfänglichen Schwierigkeiten, die Anselmus bei der Kontaktaufnahme mit Lindhorst hat, beginnt er die Arbeit für den Archivarius, der daraufhin dem Registrator Heerbrand davon berichtet und den Studenten lobt. Dies veranlasst Heerbrand dazu, Paulmann gegenüber von Anselmus' beruflichen Perspektiven zu schwärmen: „[E]in Geheimer Sekretär, oder wohl gar ein

Bürgerliche Wertvorstellungen: Beruf und Karriere

Hofrat" (S. 34, Z. 3 f.) könne er werden. Dies macht erneut deutlich, wie wichtig für Paulmann und Heerbrand Beruf und Karriere sind, wobei sie dabei vor allem an eine Laufbahn im Staatsdienst denken.

Bürgerliche Wertvorstellung: klassische Bildung

In den Äußerungen und Handlungen des Konrektors Paulmann zeigt sich, wie bedeutsam für ihn eine breit angelegte und auch an der antiken Kultur orientierte Bildung ist. Er liest ein Werk des römischen Schriftstellers Marcus Tullius Cicero (106 – 43 v. Chr.), nämlich „De officiis" („Von den Pflichten"), welches den Menschen eine Anleitung für tugendhaftes und pflichtgemäßes Handeln geben soll. In dieses Buch ist Paulmann „vertieft" (S. 35, Z. 16). Die Lektüre antiker Autoren gehört also zu seinen Beschäftigungen, die er mit großem Ernst ausführt. Dass er ausgerechnet dieses Buch liest, legt außerdem nahe, dass für ihn eine Orientierung an einem Begriff wie Pflicht wichtig ist. Seine Hochschätzung von Bildung lässt er außerdem in einer kritischen Bemerkung über Anselmus erkennen, der zwar „die besten Schulstudia besitzt, die denn doch die Grundlage von allem sind" (S. 33, Z. 6 f.), was dieser aber nicht zu nutzen wisse. Die Haltung und der Vorwurf des Konrektors sind aber auch vor dem Hintergrund seiner eigenen Tätigkeit als Konrektor, also als stellvertretender Schulleiter, zu sehen. Das breite Bildungsinteresse Paulmanns zeigt sich auch in seinem Umgang mit Musik. Nach dem Ausflug am Himmelfahrtstag und dem sich anschließenden Essen wird im Hause Paulmann „wie gewöhnlich" (S. 17, Z. 6) gemeinsam musiziert, eines der Musikstücke hat der Konrektor „selbst komponiert" (S. 17, Z. 22).

Ablehnender Umgang mit dem Märchenhaft-Wunderbaren

Beide Figuren sind im Umgang mit dem Märchenhaft-Wunderbaren eher skeptisch und kritisch und orientieren sich an dem, was mit dem Verstand zu begreifen ist. Der Registrator Heerbrand ist insgesamt allerdings etwas offener gegenüber unerklärlichen Phänomenen, der Konrektor Paulmann vertritt eine klar ablehnende Haltung.

Dies führt dazu, dass er sehr emotional und verärgert reagiert, wenn andere Figuren die Existenz einer märchenhaft-wunderbaren Welt für möglich halten. Als Anselmus am Himmelfahrtstag bei der gemeinsamen Bootsfahrt auf der Elbe erneut die grünen Schlangen zu sehen glaubt und zu ihnen ins Wasser springen möchte, reagiert Paulmann sehr ungehalten und wirft dem Studenten mit „harte[r] Rede" (S. 15, Z. 28 f.) vor, nicht bei Verstand zu sein. Erst als Anselmus sein „Abenteuer unter dem Holunderbaum" (S. 16, Z. 17) gedanklich hinter sich lässt, kann Paulmann „ihn wieder lieb" (S. 16, Z. 26 f.) haben. Seine Zuneigung hängt also davon ab, ob jemand sich wie er für eine rationale Weltsicht entscheidet. Konsequenterweise sucht Paulmann anschließend eine rationale, naturwissenschaftliche Erklärung für das Erlebnis des Studenten. Auch in anderen Situationen stehen für Paulmann, und zumeist ebenso für Heerbrand, „vernünftige Vorstellungen" (S. 25, Z. 5) im Vordergrund, mit denen sie scheinbar Unerklärliches aufklären wollen. Erzählungen wie die von Lindhorst vorgetragene mythologische Geschichte von Phosphorus und der Feuerlilie (vgl. S. 20 ff.) kommentieren sie mit abfälligen Bemerkungen und Gelächter.

In anderen Situationen zeigt sich allerdings, dass Heerbrand durchaus offen für Fantastisches ist, was ihm Paulmann mitunter ausdrücklich vorwirft. Der Registrator habe immer schon einen „Hang" (S. 16, Z. 8) zur Literatur und Dichtkunst gehabt, weshalb er, so die Erklärung Paulmanns, anfällig für erfundene und fantastische Geschichten sei. Hinter dieser Bemerkung steht auch eine in der zeitgenössischen Diskussion des 18. Jahrhunderts verbreitete Geringschätzung der Gattung des Romans und der Romanlektüre. Als Anselmus während des Punschgelages bei Paulmanns (neunte Vigilie) von Lindhorsts eigentlichem Wesen als Salamander berichtet und Heerbrand ihm zustimmt, reagiert der Konrektor „erbost" (S. 71, Z. 6) und

Streit um das Märchenhaft-Wunderbare

er schreit „voller Zorn" (S. 71, Z. 11), da er solche fantastischen Erzählungen ablehnt und sie ihn in Rage versetzen. Die emotionale Reaktion Paulmanns ist sicher auch darauf zurückzuführen, dass er von dem Punsch alkoholisiert ist. So steigert sich seine Erregung zu „höchster Wut" (S. 71, Z. 28). Der Superlativ macht deutlich, wie sehr er Dinge, die seine rationale Weltsicht infrage stellen, ablehnt. Auch als später Heerbrand, nachdem er Hofrat geworden ist, Veronikas Bericht vom Zauber der Rauerin, die auf Bitte von Veronika einen Zauber über Anselmus verhängt hat, Glauben schenkt, werden seine Offenheit gegenüber dem Wunderbaren einerseits und Paulmanns Ablehnung desselben deutlich (vgl. S. 86 f.).

3. Schlussteil: Bedeutung innerhalb des Märchens

Zusammenfassend lässt sich feststellen, dass die beiden Figuren Heerbrand und Paulmann auf wenige Charakterzüge reduziert dargestellt werden. Einige dieser Merkmale teilen sie, so z. B. die Orientierung an bürgerlichen Idealen von Arbeit und Leistung; im Umgang mit dem Märchenhaft-Wunderbaren unterscheiden sie sich allerdings zum Teil. Die Orientierung am Vernunftdenken der Epoche der Aufklärung ist trotzdem bei beiden zu finden. Im Rahmen der Handlung des Märchens sind sie vor allem als Repräsentanten einer bestimmten sozialen Gruppe von Bedeutung, was erklärt, dass sie kaum als individuelle Charaktere gezeigt werden. Ihre Funktion liegt darin, dass sie den Gegenpol zu den Vertretern der märchenhaft-wunderbaren Welt bilden.

Ironisierung und Bewertung durch den Erzähler

An einigen Stellen, so z. B. beim Punschgelage, wirkt die Darstellung deutlich ironisch, der Erzähler hat eine kritisch-distanzierte Haltung zu den beiden Figuren ein und nimmt ihr Verhalten, im Sinne der romantischen Philisterkritik, aufs Korn. Er stellt sie aber nicht abwertend dar, sondern beschreibt eher humorvoll ihre Schwächen und Eigenarten sowie den Widerspruch zwischen ihren eigenen Ansprüchen und dem tatsächlichen Verhalten.

Veronika Paulmann

Als Tochter des Konrektors Paulmann ist Veronika der bür- Rolle im
Handlungs-
geschehen
gerlichen Welt zuzuordnen. Sie ist sechzehn Jahre alt und
lebt mit ihrem Vater und ihrer vier Jahre jüngeren Schwester Fränzchen zusammen in Dresden. Sie möchte Anselmus, einen Freund der Familie, für sich gewinnen und ihn
später heiraten, damit tritt sie in Konkurrenz zu Serpentina,
der Tochter des Archivarius Lindhorst, für den Anselmus
arbeitet.

Der Erzähler beschreibt Veronika im Gesamteindruck als Auffällige äußere
Merkmale
„recht hübsches blühendes Mädchen" (S. 15, Z. 29 f.). In
der Darstellung ihrer äußeren Merkmale werden vor allem
ihre Augen, ihre Stimme und ihr Körperbau hervorgehoben. Bei der Begegnung am Himmelfahrtstag fällt Anselmus
auf, dass die junge Frau „recht schöne dunkelblaue Augen"
(S. 16, Z. 13) hat. Die Farbe ihrer Augen und deren Wirkung auf den Studenten werden im Laufe der Handlung
wiederholt erwähnt. Auffällig ist, dass ihre Augen dieselbe
Farbe haben wie die von Serpentina. Die beiden Frauenfi-
guren sind zumindest teilweise parallel angelegt. Sie unterscheiden sich dadurch, dass sie verschiedenen Welten angehören. Veronikas Stimme wird als sehr angenehm und
wohlklingend gekennzeichnet. Der Erzähler beschreibt sie
als „helle klare Stimme" (S. 17, Z. 8 f.), der Registrator
Heerbrand, auch ein Freund der Familie, vergleicht ihren
Klang mit dem einer „Kristallglocke" (S. 17, Z. 10), womit
wiederum eine Parallele zwischen Veronika und Serpentina
gezogen wird (vgl. S. 10).

Als Tochter des Konrektors Paulmann wird Veronika in Soziales Umfeld
einem bildungsbürgerlichen Milieu groß. Die Lektüre antiker Autoren gehört zum Alltag ihres Vaters, dies erlebt
seine Tochter mit. Das gemeinsame Musizieren ist ein fes-
ter Bestandteil des Familienlebens. Veronika beteiligt sich
daran, indem sie zur Klavierbegleitung oder im Duett mit

anderen singt. Als Zukunftsperspektive hat sie ihrer sozialen Herkunft gemäß eine Rolle als Ehefrau in den Blick genommen, wobei sie Anselmus, erst recht nachdem eine Karriere als Hofrat möglich erscheint, als standesgemäßen Partner einschätzt. Ihr Vater ist dem Studenten gegenüber zunächst positiv eingestellt, als sich dieser aber immer deutlicher der märchenhaft-fantastischen Welt zuwendet, lehnt Paulmann ihn ab. Der Heiratsantrag Heerbrands, nachdem er Hofrat geworden ist, ist für Vater und Tochter eine attraktive Alternative, die sie nach nur kurzem Überlegen gerne annehmen.

Wesensmerkmale Veronika ist einerseits gefühlvoll und träumerisch veranlagt, auf der anderen Seite sind ihre Wünsche aber auch materieller Natur und vom Wunsch nach sozialem Aufstieg geprägt (vgl. S. 34 f.). So ist sie in dieser Hinsicht Teil der Philisterwelt, die die Romantiker kritisierten. Veronika träumt von einer schönen Wohnung, Kleidung, Schmuck und sozialem Ansehen, das sich in den neidischen Blicken anderer Frauen zeigt. Gleichzeitig hofft sie aber auch auf die Erfüllung ihrer emotionalen Bedürfnisse durch die Beziehung. Sie ist Anselmus mit echten und ernst zu nehmenden Gefühlen zugetan, verteidigt ihn gegen Kritik und wirkt beruhigend auf ihn ein (vgl. S. 15 – 17). Als eine Heirat der beiden jungen Leute näherzurücken scheint, kommt es zu einem leidenschaftlichen Kuss zwischen ihnen (vgl. S. 69). Dies zeigt, dass Veronika, anders als Serpentina, ganz der realen Welt angehört und sie engen körperlichen Kontakt zu Anselmus sucht. Sie ist allerdings auch von Zweifeln geplagt, ob ihre Gefühle wirklich erwidert werden. Die Ankündigung eines kleinen grauen Männchens, dass Anselmus nicht ihr Mann werde, woraufhin sich „ein Eisstrom durch Veronikas Inneres" (S. 36, Z. 10) ergießt, trägt dazu bei. Die Metapher zeigt, wie sehr die mögliche Enttäuschung ihrer Hoffnungen die junge Frau trifft. Deshalb möchte sie Sicherheit gewinnen und begibt sich, auf

Empfehlung einer Freundin, zu einer Wahrsagerin, der Rauerin. Diese initiiert einen Liebeszauber, mit dem Veronika den Geliebten für sich gewinnen soll. Hier handelt Veronika sehr zielstrebig. Sie stiehlt sich heimlich aus der väterlichen Wohnung davon und arbeitet mit der Rauerin zusammen, trotz aller Ängste und Gefahren (vgl. S. 51 ff.). Dies zeigt, wie wichtig ihr das Ziel ist, das ihr vor Augen steht. Nachdem die Beziehung zu Anselmus endgültig unmöglich geworden ist, schwenkt sie sehr schnell um und akzeptiert Heerbrand, der Hofrat geworden ist, als zukünftigen Ehepartner (vgl. S. 84–85). In dieser Verbindung lassen sich ihre Wünsche voraussichtlich erfüllen. Vom Märchenhaft-Fantastischen, das sie durch die Hilfe der Rauerin für ihre Zwecke nutzen möchte, sagt sie sich schließlich los. Die Reste des magischen Spiegels, den sie von der Rauerin erhalten hat, um Anselmus zu beobachten und zu beeinflussen, sollen in die Elbe geworfen werden (vgl. S. 86). Damit ist sie wieder ganz in der bürgerlichen Welt angekommen.

Liest man die Erzählung als Geschichte einer zunehmenden geistigen Verwirrung des Protagonisten Anselmus, dann ist Veronika die Figur, die den jungen Mann noch retten könnte. Die Beziehung mit ihr könnte eine Zukunftsperspektive in der bürgerlichen Gesellschaft für ihn bedeuten. Veronika wäre in dieser Deutungsrichtung diejenige, die Anselmus aus seiner Verwirrung erlösen könnte.

Deutungsmöglichkeiten

Stellt man den märchenhaften Charakter der Handlung in den Vordergrund, dann ist Veronika diejenige, die Anselmus' Entwicklung zum Dichter, der im sagenhaften Atlantis lebt, und damit seiner Bestimmung im Weg steht.

In jedem Fall wird deutlich, dass Veronika als Parallel- und Kontrastfigur zu Serpentina angelegt ist. Die beiden jungen Frauen weisen ähnliche äußere Merkmale auf, wirken anziehend auf Anselmus und wünschen sich, ihr zukünftiges Leben mit ihm zu verbringen. Dadurch werden sie zu

Konkurrentinnen, die gegensätzliche Lebensentwürfe und Perspektiven verkörpern.

Serpentina

Serpentina ist eine der drei Töchter des Archivarius Lindhorst und stammt aus seiner Beziehung zu der grünen Schlange (vgl. S. 62). Sie und ihre Schwestern begegnen dem Studenten Anselmus, der später für ihren Vater arbeitet, bei ihrem ersten Zusammentreffen als „in grünem Gold erglänzende Schlänglein" (S. 10, Z. 15 f.), was deutlich macht, dass sie einen sprechenden Namen trägt. Denn Serpentina ist abgeleitet vom lateinischen Wort für Schlange („serpens"). Durch die Begegnung ist Anselmus „voll heißen Verlangens" (S. 10, Z. 30) nach ihr. Serpentina möchte den jungen Mann für sich gewinnen, da sie so zur Erlösung ihres mit einem Fluch belegten Vaters beitragen kann. Damit gerät sie allerdings in Konkurrenz zu Veronika Paulmann, einer Bekannten Anselmus', die ebenfalls Interesse an einer gemeinsamen Zukunft mit Anselmus hat.

Neben der Schlangengestalt, die Serpentina zu Beginn der Handlung hat, fällt die Tochter Lindhorsts vor allem durch ihre Augen auf, die der Erzähler als „ein Paar herrliche dunkelblaue Augen" (S. 10, Z. 27) beschreibt. Die Farbe ihrer Augen und deren intensive Wirkung auf Anselmus werden immer wieder erwähnt, auch als sie dem jungen Mann in menschlicher Gestalt begegnet (vgl. S. 60). Über die Augen tritt sie mit ihm in Kontakt, und er kann in ihren Augen, der antiken Tradition dieses Motivs folgend, ihr inneres Wesen erkennen. Der Erzähler verwendet eine Reihe positiver Adjektive, um Serpentina zu beschreiben, z. B. „hold" und „lieblich" (S. 61, Z. 23). Ihre Stimme wird mit „Kristallglocken" (S. 10, Z. 14 f.) verglichen, um ihren angenehmen Klang zu verdeutliche und womit eine Parallele zwischen Veronika und Serpentina gezogen wird (vgl. S. 10).

Sie lebt mit ihrem Vater und ihren Schwestern in einem großbürgerlichen Haushalt und nutzt die ihr zur Verfügung stehende Zeit u. a. dafür, Klavierunterricht zu nehmen. Dies macht deutlich, dass sie zwar wie ihr Vater eigentlich der märchenhaft-fantastischen Welt angehört, doch in ihrem Alltag auch Merkmale und Verhaltensweisen der bürgerlichen Welt angenommen hat.

Soziales Umfeld

Sie ist besorgt um ihren Vater und um Anselmus, für den sie eine tiefe Zuneigung zu empfinden scheint. Dadurch, dass sie dem jungen Mann die Lebensgeschichte ihres Vaters erzählt (vgl. S. 61 ff.), möchte sie Verständnis für ihn wecken, zumal sie weiß, dass sie ihrem Vater durch eine Beziehung mit Anselmus helfen kann. Auch für den Studenten kann sie eine Hilfe bei seiner Arbeit, dem Kopieren der Manuskripte, sein, so wie es Lindhorst formuliert: „[H]ast du bewährten Glauben und wahre Liebe, so hilft dir Serpentina!" (S. 59, Z. 30 f.)

Wesensmerkmale

In der Bibel erscheint die Schlange zumeist als Sinnbild des Bösen. Sie steht oft für die Verführung und Versuchung des Menschen. In diesem Sinne kann Serpentinas Schlangengestalt als Hinweis auf eine negative Deutung der Figur gesehen werden. Folgt man dieser Sichtweise, dann ist Serpentina als Schlange die Verführerin, die Anselmus seiner Umwelt entfremdet und ihn zunehmend in den Wahnsinn treibt.

Unterschiedliche Deutungsmöglichkeiten

Die Figur lässt sich jedoch auch genau entgegengesetzt verstehen. Im Rahmen einer traditionellen Märchenhandlung kommt ihr die Rolle der jungen Frau zu, die einen jungen Mann erlöst. Anselmus wird aus der Kristallflasche, in die er von Lindhorst wegen eines Fehlers verbannt wird, befreit, und er findet sein Glück mit Serpentina im sagenhaften Atlantis, wodurch er seine innere Zerrissenheit überwinden und seine Bestimmung finden kann. Zugleich kann sie durch die Verbindung mit Anselmus ihren Teil zur

Erlösung ihres Vaters beitragen, was ebenfalls eine positive Deutung der Figur Serpentina nahelegt.

Ein weiterer Deutungsansatz geht von dem kunsthistorischen Begriff der „figura serpentinata" (ital. serpentinato = schlangenförmig) aus. Seit der Zeit der späteren Renaissance (ca. 16. Jahrhundert) bezeichnet dieser Begriff ein künstlerisches Schönheitsideal, das die Orientierung an einer schlangenförmigen Bewegung um eine zentrale Achse herum für besonders harmonisch und vorbildlich hält. Geht man von diesem Begriff aus, steht Serpentina als Symbol für ideale Schönheit in der Kunst, und Anselmus entscheidet sich somit für ein Leben als Künstler und Schriftsteller.

Diese Mehrdeutigkeit der Figur ist im Text angelegt und gewollt. Sie trägt zur Verunsicherung des Lesers bei, die auch durch die Art des Erzählens erreicht wird. Gleichzeitig fordert die Mehrdeutigkeit vom Leser, einen eigenen Standpunkt und eine eigene Deutung zu entwickeln, also sich ganz im Sinne der Epoche der Aufklärung seines eigenen Verstandes zu bedienen.

Die Rauerin (das Äpfelweib)

Zugehörigkeit zur märchenhaften Welt
Die Figur der Rauerin tritt in der Handlung des Märchens in verschiedenen Rollen auf und ist von besonderer Bedeutung als Gegenspielerin des Archivarius Lindhorst. Wie er ist sie der märchenhaft-fantastischen Welt zuzuordnen, wie er lebt sie aber in der realen bürgerlichen Welt.

Unterschiedliche Rollen
Die Rauerin tritt in unterschiedlichen Rollen auf. Zu Beginn der Handlung ist sie das Äpfelweib, über dessen Korb der Student Anselmus stolpert. Später tritt sie als Frau Rauerin, die wahrsagt und zaubern kann, auf. In einem Gespräch mit Veronika Paulmann, der Tochter des Konrektors, die in Anselmus verliebt ist, sagt sie, sie sei als alte Liese früher auch Kindermädchen bei Paulmanns gewesen.

Herkunft
Serpentina, die Tochter des Archivarius, erzählt, dass die Rauerin eigentlich aus der Beziehung einer Feder des

schwarzen Drachen mit einer Runkelrübe stamme (vgl. S. 65). Runkelrüben sind Rüben, die als Viehfutter verwendet werden. Die Angaben zur Herkunft scheinen dadurch bestätigt zu werden, dass sich die alte Frau nach dem verlorenen magischen Zweikampf mit Lindhorst in eine solche Runkelrübe verwandelt und vom Papagei des Archivarius zum Fenster hinausgetragen wird (vgl. S. 81).

Wie sie ihren Lebensunterhalt verdient und ihre Öffnungszeiten, machen ebenfalls deutlich, dass sie in beiden Welten lebt. Einerseits geht sie als Marktfrau einer alltäglichen Beschäftigung nach. Dass Anselmus ihre Waren beschädigt, macht sie zornig, da sie vom Verkauf derselben lebt. Andererseits arbeitet sie als Wahrsagerin, die in die Zukunft sehen kann, und verfügt über magische Kräfte, die sie einsetzt, um für Veronika einen Liebeszauber durchzuführen. Dieser kann als Beispiel für schwarze Magie gesehen werden, sie selbst bezeichnet sich aber als „weise Frau" (S. 41, Z. 37) und vertritt damit eine positive Deutung ihrer Person und ihres Tuns. Sie verfügt über die Fähigkeit, sich zu verwandeln, und nimmt in Gestalt einer Kaffeekanne am Leben im Hause Paulmann teil.

Leben in bürgerlicher und märchenhafter Welt

Sie lebt in einer Wohnung, die als Hexenstube bezeichnet werden kann. Diese ist gekennzeichnet von einer unheimlichen, düsteren Atmosphäre, die durch die bei ihr lebenden Tiere verstärkt wird. Hier ist besonders der schwarze Kater zu nennen, der sie auch bei dem Zauber, den sie mit und für Veronika durchführt, begleitet und der hierbei eine wichtige Rolle spielt, da er einen Zauberkreis um den Ort des Geschehens markiert. Mit dem Kater verfügt sie über ein typisches Attribut einer Hexe. Der Erzähler selbst bezeichnet sie einmal ausdrücklich als solche (vgl. S. 39, Z. 28).

Schwarzer Kater als Begleiter

Ihre magischen Kräfte setzt sie scheinbar auch dafür ein, anderen Menschen zu helfen. Allerdings wird am Ende der Handlung deutlich, dass sie eigennützig und rücksichtslos handelt. Ihr Ziel ist es, den goldenen Topf des Archivarius

Wesensmerkmale

zu stehlen, was ihr fast gelingt (vgl. S. 79 f.). Ihren Kater fordert sie auf, Serpentina zu töten, woran dieser aber von Lindhorsts Papagei gehindert wird.

Unangenehme Stimme Ihr Äußeres und ihre Stimme werden vom Erzähler als unangenehm oder sogar unheimlich beschrieben. Ihre „gellende, krächzende Stimme" (S. 5, Z. 17) wirkt auf die Umstehenden so grässlich, dass jedes Lachen aufhört (vgl. S. 5, Z. 19 f.). Dies macht sichtbar, dass sie nicht als positive Figur angelegt sein kann, trotz der von ihr selbst vertretenen, entgegengesetzten Deutung. Im Zusammenhang mit Veronikas Besuch bei der Rauerin erwähnt der Erzähler erneut den unangenehmen Klang ihrer „schnarrende[n] Stimme" (S. 40, Z. 23).

Unangenehmes Äußeres Ihre äußere Erscheinung wirkt ebenfalls abstoßend, zumindest bei Veronikas erstem Besuch bei ihr. Das Gesicht hat tierische Züge mit einem „Maul", einer „Habichtsnase" und „Katzenaugen" (S. 39, Z. 21 f.). Die ihr zugeordneten Adjektive „lang", „hager", „zahnlos", „knöchern" und „borstig" (S. 39, Z. 19–24) verstärken diesen unangenehmen und zum Teil Furcht einflößenden Eindruck.

Wirkung auf die Umwelt Da ihre Stimme und ihr Äußeres unangenehm bis Furcht einflößend wirken, wird die Rauerin von der Umwelt zumeist negativ wahrgenommen, wobei hier zu differenzieren ist. Angelika, eine Freundin Veronikas, bezeichnet sie als „alte Frau" (S. 38, Z. 17), die über eine „Sehergabe" (S. 38, Z. 15) verfüge, also zeitlich oder räumlich entfernt liegende Dinge sehen könne. Da die Rauerin Angelika gute Nachrichten von ihrem verschollenen Verlobten vorhersagt, ist die Wahrnehmung der jungen Frau positiv gefärbt. Veronika ist durch den Kontakt mit der Rauerin zwar verängstigt und verstört, sie verteidigt sie aber trotzdem gegen Kritik und lobt sie als „weise Frau" (S. 71, Z. 19), da sie sich von ihr Hilfe dabei verspricht, Anselmus für sich zu gewinnen. Für diesen hingegen ist die alte Frau durchgängig negativ besetzt. Schon bei der ersten Begegnung mit ihr fühlt er sich „von einem unwillkürlichen Grausen ergriffen" (S. 5, Z. 22 f.).

Im Rahmen der Handlung kommt der Figur eine wichtige Funktion als Gegenspielerin des Archivarius Lindhorst zu. Beide gehören der märchenhaft-fantastischen Welt an, konkurrieren um Anselmus und versuchen, ihn für Serpentina bzw. Veronika zu gewinnen. Diese Konkurrenzsituation dient der Spannungssteigerung. Sie macht außerdem deutlich, dass es für Anselmus zwei Optionen gibt, wie sein Leben weiter verlaufen kann. Schließlich setzt sich Lindhorst als Vertreter der guten Mächte der Märchenwelt gegen die Rauerin, die am Ende deutlicher als böse Hexe erscheint, durch.

Funktion in der Handlung

Der Blick auf den Text:
Die Analyse eines Erzähltextes

Einen Erzähltextauszug analysieren – Tipps und Techniken

Bevor Sie im Rahmen einer Textanalyse (Beschreibung und Deutung) mit dem Schreiben beginnen, empfehlen sich die nachfolgend aufgeführten Vorarbeiten.

Für die Analyse eines Textauszugs stehen grundsätzlich zwei verschiedene Methoden zur Auswahl: die Linearanalyse und die aspektgeleitete Analyse.

In der **Linearanalyse** werden die einzelnen Abschnitte systematisch analysiert, d.h. ihrer Reihenfolge nach. Dies führt in der Regel zu genauen und detaillierten Ergebnissen. Allerdings besteht die Gefahr, dass zu kleinschrittig gearbeitet wird und die übergeordneten Deutungsaspekte des Auszugs aus dem Blick geraten.

In der **aspektgeleiteten Analyse** werden diese Deutungsschwerpunkte von vornherein festgelegt. Daraus ergibt sich in der Regel eine problemorientierte und zielgerichtete Vorgehensweise. Dabei werden jedoch die Deutungsaspekte, die nicht im Fokus des Interesses stehen, vernachlässigt.

Möglich sind auch Mischformen beider Analyseformen, indem z.B. zunächst streng linear vorgegangen wird, danach aber besonders relevante Aspekte, wie z.B. die auffällige Erzähltechnik, intensiver behandelt werden.

Mögliches Aufbauschschema

1. **Einleitung:** Themensatz: Autor, Titel, Textsorte, Erscheinungsjahr, Thema, kurze Inhaltsangabe

   ↓

2. **Einordnung des Textauszugs in die Erzählung:** Was geschieht vorher, was danach?

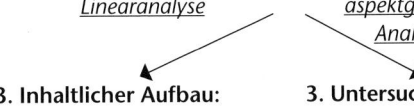

Linearanalyse   *aspektgeleitete Analyse*

3. **Inhaltlicher Aufbau:**
   - Auflistung der Textabschnitte/ Textgliederung

3. **Untersuchungsgesichtspunkte:**
   - Auflistung der ausgewählten Untersuchungsaspekte

   ↓   ↓

4. **Beschreibung und Deutung der unter 3. angegebenen Textabschnitte:**
   - Aussagen zum Inhalt des Abschnittes
   - Aussagen zur Deutung, Einbetten in den Zusammenhang der Erzählung
   - Einbezug der sprachlichen Gestaltung
   - Überleitung zum nächsten Textabschnitt

4. **Beschreibung und Deutung der unter 3. angegebenen Aspekte:**
   - Benennen des jeweiligen Aspekts
   - Aussagen zur Deutung, Einbetten in den Zusammenhang der Erzählung
   - Einbezug der sprachlichen Gestaltung

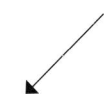

5. **Schluss:**
   - Zusammenfassung der Ergebnisse
   - Einordnung in einen größeren Zusammenhang
   - Bewertung, ggf. Aktualisierung

Beispielanalyse: Die Hauptfigur zwischen den zwei Welten (linear)

> *Aufgabe: Analysieren Sie das Ende der neunten Vigilie (S. 73, Z. 14– S. 75, Z. 7); berücksichtigen Sie dabei besonders die Entwicklung von Anselmus und die Darstellung der märchenhaft-wunderbaren Welt.*

Einleitung

Der vorliegende Textauszug stammt aus dem romantischen Märchen „Der goldne Topf" des deutschen Schriftstellers E. T. A. Hoffmann (1776–1822), welches er in seiner Sammlung „Fantasiestücke in Callot's Manier" (1814) veröffentlichte. Der Text zeichnet sich durch eine Zweiteilung der Handlung und der Figuren in eine alltäglich-bürgerliche und eine märchenhaft-fantastische Welt aus. Die Hauptfigur der Erzählung, der Student Anselmus, gehört eigentlich der erstgenannten Sphäre an, ist im Laufe der Handlung aber hin- und hergerissen zwischen beiden Welten. Er arbeitet für den Archivarius Lindhorst, der der Hauptvertreter der märchenhaft-fantastischen Welt und in dieser eigentlich ein Salamander ist. In dem zu analysierenden Auszug erfährt der Leser, wie der Student wie schon oft vorher seinen Dienst im Hause Lindhorsts antritt, aber an diesem Tag für ein Missgeschick hart bestraft wird.

Einordnung des Textauszuges in die Erzählung

Der Student Anselmus liebt Serpentina, die Tochter des Archivarius Lindhorst, für den er alte Handschriften kopiert. Er fühlt sich aber auch zu Veronika, der Tochter seines Freundes Paulmann, hingezogen. Beide Frauen erwidern seine Gefühle und wünschen sich eine Zukunft mit dem jungen Mann. Serpentina gehört der märchenhaft-wunderbaren Welt an und erscheint Anselmus bei ihrer ersten Begegnung als kleine, grüngoldene Schlange. Veronika entstammt der alltäglich-bürgerlichen Welt und träumt davon, Anselmus' Ehefrau zu werden, nachdem er beruflich Karriere gemacht hat. Um ihr Ziel zu erreichen, bittet sie die Rauerin, eine Wahrsagerin und Hexe, um Unterstützung. Mithilfe eines Liebeszaubers soll der junge Mann an Veronika gebunden werden, was zumindest teilweise zu gelingen scheint. Anselmus befindet sich in einem Zwiespalt, für welche der beiden Frauen und damit für welche der beiden Welten er sich entscheiden soll. An dem Tag, der der in dem vorliegenden Textauszug dargestellten Handlung vorausgegangen ist, ist der junge Mann zu Besuch bei Familie Paulmann, wo er zum Punschtrinken eingeladen und überredet wird, seinen Dienst beim Archivarius Lindhorst an diesem Tag nicht anzutreten. Der starke Punsch führt bei Anselmus zu einem heftigen Rausch. In diesem Zustand scheint er sich für die märchenhaft-fantastische Welt entschieden zu haben und bereut es, nicht zu Lindhorst gegangen zu sein. In der Nacht träumt er jedoch von Veronika und beschließt am Morgen, sie zu heiraten. In dieser Situation des Hin- und Hergerissenseins begibt er sich zum Archivarius.

Der Textauszug lässt sich in drei Sinnabschnitte einteilen. Im ersten Sinnabschnitt (S. 73, Z. 14 – S. 73, Z. 25) beschreibt der Erzähler aus der Perspektive von Anselmus, wie dieser am Tag nach dem Punschgelage mit Paulmann und Heerbrand das Haus des Archivarius Lindhorst erreicht, um dort wie zuvor seine Tätigkeit, das Abschreiben alter Manuskripte, zu beginnen. Der Student erreicht den Garten Lindhorsts, wo ihm die Pflanzen und Vögel ganz alltäglich erscheinen und nicht mehr wunderbar. Im Haus angekommen fällt ihm auf, dass ihm das Palmbaumzimmer, in dem er arbeitet, nicht mehr gefällt.

Im zweiten Sinnabschnitt (S. 73, Z. 25 – S. 74, Z. 13) wird dargestellt, dass der Archivarius den jungen Mann in seinem Haus begrüßt und ihn nach dem Verlauf des vorangegangenen Abends fragt. Er, Lindhorst, sei selbst bei dem Gelage zugegen gewesen und habe in der Schüssel mit dem Punsch gesessen. Obwohl Anselmus am Vortag seinen

Margin notes:

Inhaltlicher Aufbau:

1. Abschnitt: Inhalt

2. Abschnitt: Inhalt

Dienst nicht versehen hat, will Lindhorst ihm den verein-
barten Lohn zahlen. Der Student ist verwundert über die
Aussagen seines Arbeitgebers und nimmt seine Tätigkeit
auf. Diese fällt ihm jedoch an diesem Tag sehr schwer. Die
Zeichen auf den Manuskripten ergeben für ihn keinen
Sinn. Er kann sich nicht auf seine Aufgabe konzentrieren.

3. Abschnitt:
Inhalt

Der dritte Sinnabschnitt (S. 74, Z. 13 – S. 75, Z. 7) beginnt
damit, dass Anselmus, der ungeduldig ist, ein Missgeschick
unterläuft. Er macht einen Tintenfleck auf eines der Origi-
nalmanuskripte, woraufhin sich um ihn herum ein großer
Tumult erhebt. Blitze und Lärm, Feuer und Dampf scheinen aus verschiedenen Richtungen zu kommen, große
Schlangen schnüren Anselmus ein und der Archivarius
erscheint als mächtiger Salamander, der die angedrohte
Strafe bei einem Tintenfleck ankündigt. Der junge Mann
fühlt sich immer mehr eingeengt und wird ohnmächtig. Er
ist bewegungsunfähig, als er aus seiner Ohnmacht erwacht, und befindet sich in einer Kristallflasche, die in
einem Regal in der Lindhorst'schen Bibliothek steht.

1. Abschnitt:
Analyse

Der erste Abschnitt macht deutlich, dass sich Anselmus
in seinem Konflikt in diesem Augenblick zur alltäglich-
bürgerlichen Welt hin orientiert hat. Dies wird erkennbar
an seiner veränderten Wahrnehmung des Lindhorst'schen
Gartens und Hauses. Während er das Anwesen des Archivarius sonst als einen wunderbarer Ort erlebt hat, ist ihm dieses frühere Empfinden ganz unverständlich. Dies macht
der Erzähler durch die Formulierung, dass Anselmus sich
„nicht genug wundern" (S. 73, Z. 15 f.) kann, deutlich. Das
Verb, das der Erzähler wählt, gehört zum selben Wort-
stamm wie das Adjektiv „wundervoll" (S. 73, Z. 16), das
die sonstige Wahrnehmung des Studenten beschreibt,
und unterstreicht damit den Gegensatz. Besonders die
Adjektivattribute zeigen, dass Anselmus den Garten, die
Tiere und das Haus jetzt als etwas Alltägliches und zum Teil
Negatives betrachtet. Er sieht „gewöhnliche" (S. 73, Z. 17)

Pflanzen, die Vögel geben „unverständliches unangenehmes Geschrei" (S. 73, Z. 20) von sich. Zumindest hört es
sich für ihn so an. Auch das Innere des Hauses, besonders
das Palmbaumzimmer, erscheint ihm „unnatürlich" (S. 73,
Z. 23) und „unförmlich" (S. 73, Z. 24), also auch negativ.
Die Farbe des Raumes nimmt er als „grelle[s] Blau" (S. 73,
Z. 22 f.) wahr. Angesichts seiner so veränderten Wahrnehmung fragt sich Anselmus, wie ihm der Raum und dessen
Einrichtung „nur einen Augenblick hatten gefallen können" (S. 73, Z. 24 f.). Dieser Satz hebt zum Ende des ersten
Sinnabschnittes noch einmal hervor, wie weit sich Ansel-
mus in diesem Moment von der märchenhaft-fantastischen
Welt distanziert hat.

Der Zwiespalt, in dem der Student sich befindet, wird im
zweiten Sinnabschnitt verstärkt. Der Archivarius Lindhorst
begrüßt den jungen Mann wie immer sehr freundlich, aber
auch mit etwas Ironie und erweist sich als großzügig, da er
die vereinbarte Entlohnung auch für den Tag gewähren
will, an dem Anselmus nicht erschienen ist. Gleichzeitig
verwirrt Lindhorst seinen Gesprächspartner dadurch, dass
er über das Punschgelage bei Paulmanns Bescheid weiß,
obwohl er nicht teilgenommen hat. Der Archivarius lässt
wie selbstverständlich seine magischen Fähigkeiten erkennen, denn schließlich habe er „in der Terrine" (S. 73, Z. 34 f.)
gesessen. Er tut so, als müsse Anselmus dies wissen. Dieser
kann mit der Erwähnung der märchenhaft-fantastischen
Vorkommnisse nicht umgehen und versucht, eine rationale
Erklärung zu finden. So hält er das Erscheinen des
Lindhorst'schen Papageis bei Paulmanns für „Blendwerk
der befangenen Sinne" (S. 73, Z. 30 f.), also für reine Einbildung, vermutlich unter dem Einfluss des Alkohols. Die Aussagen des Archivarius wertet er als „tolles Zeug" (S. 74,
Z. 4) ab. Das Verb „faseln" (S. 74, Z. 4), das er auf Lindhorst bezieht, beinhaltet ebenfalls eine negative Wertung
und unterstellt, dass der Hausherr etwas Unsinniges und

2. Abschnitt: Analyse

Verworrenes sagt. Anselmus' Verwirrung steigert sich durch das Gespräch mit dem Archivarius, gleichzeitig machen die Reaktionen des Studenten deutlich, wie weit er sich von der märchenhaft-fantastischen Welt entfernt hat. Dementsprechend fällt ihm die Arbeit an diesem Tag schwer. Er ist unfähig, wie gewohnt abzuschreiben. Auch hier zeigt sich seine veränderte Wahrnehmung. Die Schriftzeichen auf den Manuskripten ergeben für ihn keinen Sinn mehr, es sind nur noch „krause Züge und Schnörkel" (S. 74, Z. 8), und vor allem wirken sie „durcheinander" (S. 74, Z. 8), was der inneren Verfassung von Anselmus entspricht. Die Metaphern „ein bunt geäderter Marmor oder ein mit Moosen durchsprenkelter Stein" (S. 74, Z. 12f.) beschreiben den Eindruck, den die Manuskripte auf Anselmus machen. Sie unterstreichen, dass der Student mit der Distanzierung von Serpentina und der märchenhaft-fantastischen Welt auch seinen Sinn für Kunst und Poesie verloren hat. Dieser hat ihn eigentlich von den anderen Menschen seiner Sphäre unterschieden und ist Voraussetzung dafür, dass er eine Verbindung mit Serpentina eingehen kann.

3. Abschnitt: Analyse

Im dritten Abschnitt beschreibt der Erzähler, dass Anselmus trotzdem versucht, mit dem Abschreiben zu beginnen. Er ist aber ungeduldig und ungeschickt, sodass „ein großer Klecks" (S. 74, Z. 16) Tinte auf das Manuskript fällt. Genau hiervor ist er von Anfang an gewarnt worden, und die Strafe für sein Vergehen folgt unmittelbar. Sie kann als Konsequenz für seine Unaufmerksamkeit gesehen werden, aber auch als Bestrafung dafür, dass er sich von Serpentina und der märchenhaft-fantastischen Welt abgewandt und sie somit verraten hat. Der Erzähler beschreibt die Folgen von Anselmus' Missgeschick steigernd und mit einer bildhaften Sprache. Hinzu kommen Klangfiguren wie die Alliteration „brausend fuhr ein blauer Blitz" (S. 74, Z. 17), die die Szene für den Leser anschaulich und eindrucksvoll gestalten. Dies wird auch durch die Alliterationen „dicker Dampf"

(S. 74, Z. 19), „blinkende Basilisken" (S. 74, Z. 20 f.) und „im flackernden Feuer" (S. 74, Z. 21) erreicht. Insgesamt spielen akustische und optische Eindrücke eine wichtige Rolle bei der Beschreibung. Dabei nutzt der Erzähler auch Synästhesie, wie er es an anderen Stellen der Erzählung tut, wenn er magische Vorgänge beschreibt. Hier geschieht dies z. B. in der Metapher „schlängelte sich krachend durch das Zimmer" (S. 74, Z. 17 f.). Die lautmalerische Formulierung „Flammenmassen prasselnd" (S. 74, Z. 22) geht ebenfalls in diese Richtung. Der Vergleich „wie vom Sturme geschüttelt" (S. 74, Z. 20) weist darauf hin, dass die Reaktion der märchenhaft-fantastischen Welt auf Anselmus' Fehlverhalten die Naturgewalten entfesselt und grundlegende menschliche Ängste – vor Sturm, Blitz, Feuer, Schlangen – anspricht, sodass die Situation für den jungen Mann besonders schlimm sein muss. Dass Feuer und Flammen eine besondere Rolle spielen, hat damit zu tun, dass Lindhorst als Salamander in Atlantis der Elementargeist des Feuers gewesen ist. Der Höhepunkt der Szene liegt im Erscheinen des Salamanders selbst, der mit „fürcherliche[r] Stimme" (S. 74, Z. 27) spricht, was seine herausragende Stellung ebenso betont wie das Partizip „gekrönten" (S. 74, Z. 28). Die Strafe für Anselmus besteht darin, dass er von den Schlangen mit Feuerwellen umschlossen wird, die schließlich „zur festen eiskalten Masse" (S. 74, Z. 32) werden. Der Kontrast zwischen Hitze und Kälte macht die Grausamkeit der Bestrafung besonders deutlich. Allerdings relativiert der Erzähler dies durch die Formulierung „es war, als" (S. 74, Z. 30 f.), die mit dem Konkunktiv II „würden" (S. 74, Z. 32) verbunden wird. Ähnlich geht der Erzähler auch bei anderen Begegnungen von Anselmus mit Magie vor. Es werden nur die Perspektive und die Wahrnehmung des Studenten beschrieben. Für den Leser bleibt offen, was wirklich geschieht und was sich nur in der Einbildung des jungen Mannes abspielt. Für diesen ist der Vorgang aber in jedem Fall so schrecklich, dass er sich immer mehr eingeengt fühlt und schließlich ohnmächtig wird. Als er wieder zu sich kommt, ist er bewegungsunfähig. Die Wahl der zwei sich reimenden Verben „regen und bewegen" (S. 75, Z. 3) hebt dies hervor. Anselmus ist „in einer wohlverstopften Kristallflasche" (S. 75, Z. 5 f.) auf einem Regalbrett in der Lindhorst'schen Bibliothek eingeschlossen, oder er glaubt dies zumindest. Denn der Vergleich „er war wie von einem glänzenden Schein umgeben" (S. 75, Z. 3 f.) lässt für den Leser erneut die Frage offen, ob die geschilderte Situation möglicherweise nur in Anselmus' Einbildung existiert.

Schluss: Funktion des Textauszuges Der vorliegende Auszug aus der neunten Vigilie nimmt mit Blick auf den Aufbau der Handlung und die Spannungssteigerung eine wichtige Rolle ein. Das Schicksal des Protagonisten scheint sich zum Negativen gewendet zu haben, nachdem er sich für einen der beiden möglichen Lebensentwürfe entschieden hat. Dass er die Heirat mit Veronika für wünschenswert hält, den Sinn für das Märchenhaft-Fantastische verloren zu haben scheint und seiner Aufgabe bei Lindhorst nicht mehr ordnungsgemäß nachkommen kann, führt zu einer erschreckenden Gegenreaktion der magischen Kräfte. Für den Leser stellt sich die Frage nach dem weiteren Schicksal der Hauptfigur und ob eine Befreiung und Erlösung möglich ist. Der mit den Konventionen des Märchens vertraute Leser wird eine Erlösung erwarten, es bleibt jedoch offen, von welcher der beiden Frauen sie ausgehen kann. Zudem handelt es sich um „Ein Märchen aus der neuen Zeit", sodass der Erzähler auch von der Konvention abweichen, die Lesererwartung enttäuschen und auf einen erlösenden Akt verzichten könnte.

Entwicklung von Anselmus In der Entwicklung von Anselmus stellt der Textauszug den Tiefpunkt dar. Seine Abkehr von Serpentina und das Verleugnen seiner poetischen Veranlagung führen zu seiner Bestrafung. In der Kristallflasche, in der er sich befindet oder die als Metapher seinen Zustand verdeutlicht, ist er bewegungsunfähig und nicht mehr Herr seines Schicksals. Ohne fremde Hilfe kann er sich nicht befreien.

Die märchenhaft-fantastische Welt erscheint in diesem Abschnitt als grausam und Furcht einflößend. Lindhorst bzw. der Salamander verfügt über große Macht, die er einzusetzen bereit ist, wenn man sich gegen ihn stellt oder ihn enttäuscht.

Darstellung der märchenhaft-fantastischen Welt

Deutet man die Erzählung psychologisch, so kann man die Darstellung als Wahnvorstellung von Anselmus und das Gefühl des Eingesperrtseins und der Bewegungsunfähigkeit als Symptom einer psychischen Erkrankung und der fortschreitenden Verwirrung der Hauptfigur deuten.

Psychologischer Deutungsansatz

Beispielanalyse: Kritik an der alltäglich-bürgerlichen Welt (aspektgeleitet)

Aufgabe: Analysieren Sie den Anfang der zweiten Vigilie (S. 12, Z. 1 – S. 13, Z. 27) unter besonderer Berücksichtigung der Erzähltechnik, der Charakterisierung der Hauptfigur und der Darstellung der alltäglichbürgerlichen Welt.

Der vorliegende Textauszug stammt aus dem romantischen Märchen „Der goldne Topf" des deutschen Schriftstellers E. T. A. Hoffmann (1776–1822), welches er in seiner Sammlung „Fantasiestücke in Callot's Manier" (1814) veröffentlichte. Der Text zeichnet sich durch eine Zweiteilung der Handlung und der Figuren in eine alltäglich-bürgerliche und eine märchenhaft-fantastische Welt aus. Die Hauptfigur der Erzählung, der Student Anselmus, gehört eigentlich der erstgenannten Sphäre an, ist im Laufe der Handlung aber hin- und hergerissen zwischen beiden Welten. Der vorliegende Textauszug (S. 12, Z. 1 – S. 13, Z. 27) bildet den Anfang der zweiten Vigilie, so die Bezeichnung

Einleitung

der Kapitel in diesem Märchen, und handelt von dem Unverständnis, dem der Student bei Vertretern des Bürgertums begegnet. Er befindet sich in der Handlung, die in diesem Textauszug dargestellt wird, am Himmelfahrtstag unter einem Holunderbaum und wird von einer Bürgerfamilie, die zufällig vorbeikommt und ihn beobachtet, für sein auffälliges Verhalten kritisiert. Dies ist Anselmus unangenehm, und er läuft davon, bis er von einem Freund, dem Konrektor Paulmann, angesprochen wird.

Einordnung des Textauszuges in die Erzählung
Der Textauszug ist zu Beginn der Märchenhandlung einzuordnen. In der vorangegangenen ersten Vigilie wird von den Erlebnissen der Hauptfigur Anselmus am Himmelfahrtstag erzählt. Er lässt sich unter einem Holunderbaum nieder, wo er eine Vision von drei kleinen, grüngoldenen Schlangen hat. In eine von ihnen, deren Augen den Studenten faszinieren, verliebt er sich. Später erfährt er, dass ihr Name Serpentina und sie die Tochter des Archivarius Lindhorst ist, für den Anselmus alte Handschriften kopieren wird. Der junge Mann muss sich entscheiden für ein Leben mit Veronika, der Tochter seines Freundes Paulmann, und eben Serpentina, die, anders als Veronika, der märchenhaft-fantastischen Welt angehört.

Untersuchungsaspekte:
In der folgenden Analyse sollen vor allem die Erzähltechnik, die Charakterisierung der Hauptfigur und die Darstellung der alltäglich-bürgerlichen Welt untersucht werden.

Untersuchung der Erzähltechnik
Die Erzählform des Textauszuges ist die des Er-Erzählers, der hier nicht Teil der erzählten Welt ist und überwiegend mit Distanz zum Geschehen erzählt (vgl. S. 12, Z. 1–6). Dies ändert sich erst in der zwölften Vigilie, in der der Erzähler selbst Teil der Handlung wird, indem er mit einer seiner Figuren in Kontakt tritt (vgl. S. 87 ff.). Der Erzähler erweist sich hier als unsicherer Erzähler, da er die begonnene Geschichte nicht ohne Hilfe zu Ende bringen kann. Das Erzählverhalten ist auktorial, der Standort zumeist der des olympischen Erzählers (vgl. S. 12, Z. 10–15). Allerdings

nimmt der Erzähler in dem vorliegenden Textauszug wiederholt die Perspektive seiner Hauptfigur ein und verringert damit die Distanz zum Geschehen (vgl. S. 12, Z. 31 f.). Er trägt damit zur Verunsicherung des Lesers bei, da nicht immer klar ist, an welchen Stellen lediglich Wahrnehmungen der Figur und nicht tatsächliche Vorgänge dargestellt werden. Gedanken und Gefühle des Protagonisten werden zumeist – bis auf den Anfang des vorliegenden Textauszuges (vgl. S. 12, Z. 6 ff.) – im Erzählerbericht dargestellt, der Erzähler nimmt hier die Innensicht ein. Die anderen Figuren kommen dagegen in direkter Rede zu Wort und werden so in der Außensicht dargestellt. Der Erzähler nimmt insgesamt eine wertende Erzählhaltung ein, was z. B. an der Wahl von wertenden Adjektiven wie „weinerlich" (S. 12, Z. 32) oder „ehrbar" (S. 12, Z. 1) zu erkennen ist. Dabei ist zu berücksichtigen, dass die Position des Erzählers nicht immer eindeutig zu bestimmen ist, da er mitunter das Mittel der Ironie einsetzt und damit Distanz zum Geschehen und den Figuren schafft.

Anselmus erscheint in diesem Textauszug als sehr emotionale und träumerische Figur. Er steht noch ganz unter dem Eindruck der Vision von Serpentina und ihren Schwestern im Holunderbaum, den er umarmt und in den er ununterbrochen hineinruft. Dies macht deutlich, dass der Student offen gegenüber dem Wunderbaren ist und voller „heißer Sehnsucht" (S. 12, Z. 10), da er vermutlich mit seinem alltäglichen Leben unzufrieden ist. Seine Emotionalität wird zum einen durch die Verben, die seine Tätigkeiten beschreiben, ausgedrückt. Er „seufzte und ächzte" (S. 12, Z. 10 f.), was zeigt, dass seine Gefühle wahrnehmbar nach außen dringen. Zum anderen unterstreichen Adjektive wie „kläglich" (S. 12, Z. 11) und Nomen wie „Verlangen und Ungeduld" (S. 12, Z. 12) oder „Schmerz" (S.12, Z. 14) die Gemütsverfassung des jungen Mannes, der sich ein anderes Leben wünscht als das, das er im Augenblick führt. Die

Charakterisierung der Hauptfigur

Gegenwart anderer Menschen nimmt er zunächst nicht wahr. Er wirkt wie isoliert von der Gesellschaft. Erst als die Bürgersfrau ihn zum zweiten Mal anspricht, kommt Anselmus wieder zu sich und nimmt die Umstehenden wahr. Dass sie ihn in seinem emotionalen Zustand gesehen haben, ist ihm unangenehm, er „schämte sich sehr" (S. 12, Z. 32). Das Urteil seiner Umwelt ist ihm offensichtlich wichtig, und er weiß, dass sein Verhalten in der Gesellschaftsschicht, der er angehört, für unangemessen gehalten wird. Anselmus' Verhalten, „ganz allein für sich selbst in laute Worte auszubrechen" (S. 12, Z. 20 f.), widerspricht den in seinem sozialen Umfeld gültigen Verhaltensmaßstäben. Er hat diese Vorstellungen verinnerlicht, was ihn in einen Konflikt bringt, zumal ihm das Urteil anderer Menschen wichtig ist. Dass er nicht in der Lage ist, mit den anwesenden Bürgern zu sprechen, zeigt, wie unsicher Anselmus im Umgang mit anderen Menschen ist. Als er auch noch glaubt, er werde von einigen jungen Frauen, die hinzugekommen sind, ausgelacht, wird die Lage für ihn besonders schlimm. Den jungen Frauen gegenüber fühlt er sich besonders unsicher, gleichzeitig wünscht er sich Anerkennung und Kontakt. Der Vergleich, der Anselmus' innere Verfassung beschreibt, macht dies besonders deutlich: „*Dem* war es, als stände er auf lauter spitzigen Dornen und glühenden Nadeln" (S. 13, Z. 10 f.). In der von ihm als peinlich empfundenen Situation weiß er sich keinen anderen Rat, als möglichst schnell wegzulaufen. Das Verb „rannte" (S. 13, Z. 12) weist darauf hin, dass sich Anselmus, wie schon zu Beginn des Märchens, hastig und schnell bewegt und von Unruhe getrieben ist. Seine anfängliche Offenheit für das Wunderbare hat in der dargestellten Situation gelitten. Es ist zunächst nur noch ein „sonderbarer Spuk" (S. 12, Z. 19) für ihn, später möchte er diesen ganz vergessen.

Die Figuren der alltäglich-bürgerlichen Welt, hier die Bürgersfrau mit ihrer Familie sowie einige Bürgermädchen, reagieren mit Unverständnis auf das Verhalten von Anselmus. Seine offene Emotionalität gilt als unangemessen. Die Ursache für sein Handeln können sie nur in geistiger Verwirrung oder in übermäßigem Alkoholgenuss sehen. Die Bürgersfrau spricht den Studenten zweimal mit den Worten „Der Herr ist wohl nicht recht bei Troste!" (S. 12, Z. 1 und Z. 15) an, was ihre Deutung seines Verhaltens zeigt. Ihr Mann glaubt eher, dass Anselmus betrunken ist. Der Mann zeigt durchaus Verständnis dafür, da Himmelfahrtstag ist, fordert den Studenten aber ebenfalls dazu auf, sich zu mäßigen und nicht aufzufallen. Ins Auge sticht hier die Widersprüchlichkeit im Verhalten des Mannes, der einerseits angemessenes Verhalten von Anselmus einfordert, sich aber gleichzeitig an dessen Tabak bedient (vgl. S. 13), ohne eine Erlaubnis abzuwarten. Hierin kann man eine ironische Kritik an den von den bürgerlichen Figuren vertretenen Wertmaßstäben sehen.

Darstellung der alltäglich-bürgerlichen Welt

Zusammenfassend kann man festhalten, dass der zu analysierende Textauszug beispielhaft einige charakteristische Merkmale des Märchens „Der goldne Topf" zeigt. Die teilweise Übernahme der Perspektive der Hauptfigur durch den Erzähler trägt zur Verunsicherung des Lesers bei, da die Wahrnehmungen von Anselmus, nicht aber zwingend die tatsächlichen Abläufe dargestellt werden. Ebenso lassen sich in dem vorliegenden Auszug zentrale Eigenschaften des Protagonisten erkennen, so z. B. seine Unsicherheit und die Tendenz zur Isolation. Außerdem wird deutlich, dass er zwischen den beiden Welten des Märchens steht. Die Figuren der alltäglich-bürgerlichen Welt werden im Sinne romantischer Philisterkritik eher kritisch dargestellt, da sie kein Verständnis für die emotionale Verfassung von Anselmus zeigen und ihn nach ihren eigenen, eng gezogenen Wertmaßstäben beurteilen.

Schluss: Zusammenfassung der Ergebnisse

Der Blick auf die Prüfung: Themenfelder

Dieses Kapitel kann zur unmittelbaren Vorbereitung auf eine Prüfung genutzt werden, sowohl auf eine Klausur als auch auf die schriftliche oder mündliche Abiturprüfung. Dafür werden einige zentrale Themenfelder der Erzählung jeweils in übersichtlicher Form eines Schaubilds visualisiert. Eine kommentierte Linkliste kann für eine mögliche Weiterarbeit und Recherche nach Zusatzinformationen im Internet als Hilfe dienen.

Sie können die schematischen Übersichten dazu nutzen, um

- die wesentlichen Deutungsaspekte der Erzählung kurz vor der Prüfung überblicksartig zu wiederholen,
- sich die Kerngedanken der Erzählung noch einmal in Erinnerung zu rufen, diese selbstständig zu reflektieren und
- mögliche Verständnislücken aufzuarbeiten.

Die folgenden Schaubilder können jedoch nur dann sinnvoll genutzt werden, wenn die vorangegangenen Kapitel durchgearbeitet wurden. Die vorgenommene Schwerpunktsetzung beruht auf jahrelanger Prüfungspraxis.

Viel Erfolg.

Übersicht I: Charakterisierung von Anselmus

Anselmus

biografische Informationen
- Student in Dresden
- junger Mann
- vermutlich aus Dresden oder Umgebung
- nur geringe finanzielle Mittel

auffällige äußere Merkmale
- kräftige Statur
- angenehmes Gesicht
- unmodische, unpassende Kleidung

Selbstbild
- anfangs gering ausgeprägtes Selbstbewusstsein
- hält sich für einen Pechvogel

Charakterzüge, typische Verhaltensweisen
- unsicher
- ungeschickt, tollpatschig
- Unruhe, Hektik
- Selbstmitleid
- spricht gerne dem Alkohol zu
- musikalisch und künstlerisch begabt
- Sinn für Fantasie und Poesie
- Tagträume, Selbstgespräche
- fasziniert vom Märchenhaften

Weltbild, innere Einstellungen
- Offenheit gegenüber dem Märchenhaften und Wunderbaren
- anfangs noch stark eingebunden in bürgerliche Wertvorstellungen
- später Abkehr von diesen Wertvorstellungen

Entwicklung
- Zerrissenheit zwischen bürgerlicher und märchenhafter Welt
- am Ende Entscheidung für ein Leben im Märchenland Atlantis
- Entwicklung zum Dichter

Beziehungen zu anderen Figuren
- Freundschaft mit Konrektor Paulmann
- eher Einzelgänger, Unsicherheit im Umgang mit anderen Menschen

Wahrnehmung durch die Umwelt
- Unverständnis für sein Verhalten bei Vertretern des Bürgertums
- wird wiederholt für geistig verwirrt oder betrunken gehalten
- Sonderling

Übersicht II: Die Epoche der Romantik – ein Überblick

Aufklärung (1720–1800)	Klassik (1786–1805)	Romantik (ca. 1790–1835)	Vormärz (1830–1848)
zeitgeschichtliche Hintergründe • Französische Revolution (ab 1789) • Herrschaft Napoleons über Frankreich und Europa, Zeit der Befreiungskriege • Nationalstaatsgedanke und Nationalismus • Kleinstaaterei in Deutschland • Wiener Kongress (1815) und Deutscher Bund • Restauration • Frühindustrialisierung, kapitalistisches Wirtschaftssystem • beginnende Modernisierung von Wirtschaft und Gesellschaft			**geistesgeschichtliche Hintergründe** • ambivalentes Verhältnis zu Ideen der Epoche der Aufklärung • Bedürfnis nach Entgrenzung, Überwindung von Einschränkungen • Verklärung der „heilen Welt" des Mittelalters • Bedürfnis nach Romantisierung und Poetisierung der Welt • Krise des Individuums als Folge der Modernisierungsprozesse
		Das Zeitalter der Romantik	
literarische Formen • Lyrik, Volkslieder • Erzählungen und Novellen • Bildungs- und Entwicklungsromane • Schauerroman • Kunstmärchen • Sagen		**wichtige Autoren** • Bettina von Arnim (1785–1859) • Clemens Brentano (1778–1842) • Joseph von Eichendorff (1788–1857) • Heinrich Heine (1797–1856) • E.T.A. Hoffmann (1776–1822) • Novalis (Friedrich von Hardenberg, 1772–1801)	**charakteristische Themen und Motive** • Sehnsucht • Liebesleid und Liebesglück • Reisen/Wandern, Fernweh • Natur, Wald, Einsamkeit • Philisterkritik • Kritik an Zivilisation, Moderne, Fortschritt, einseitiger Orientierung am Verstand • Schwarze Romantik: Schauerliches, Unbewusstes, Wahnsinn, psychische Prozesse
Aufklärung (1720–1800)	Klassik (1786–1805)	Romantik (ca. 1790–1835)	Vormärz (1830–1848)

Übersicht III: „Der goldne Topf" als Märchen

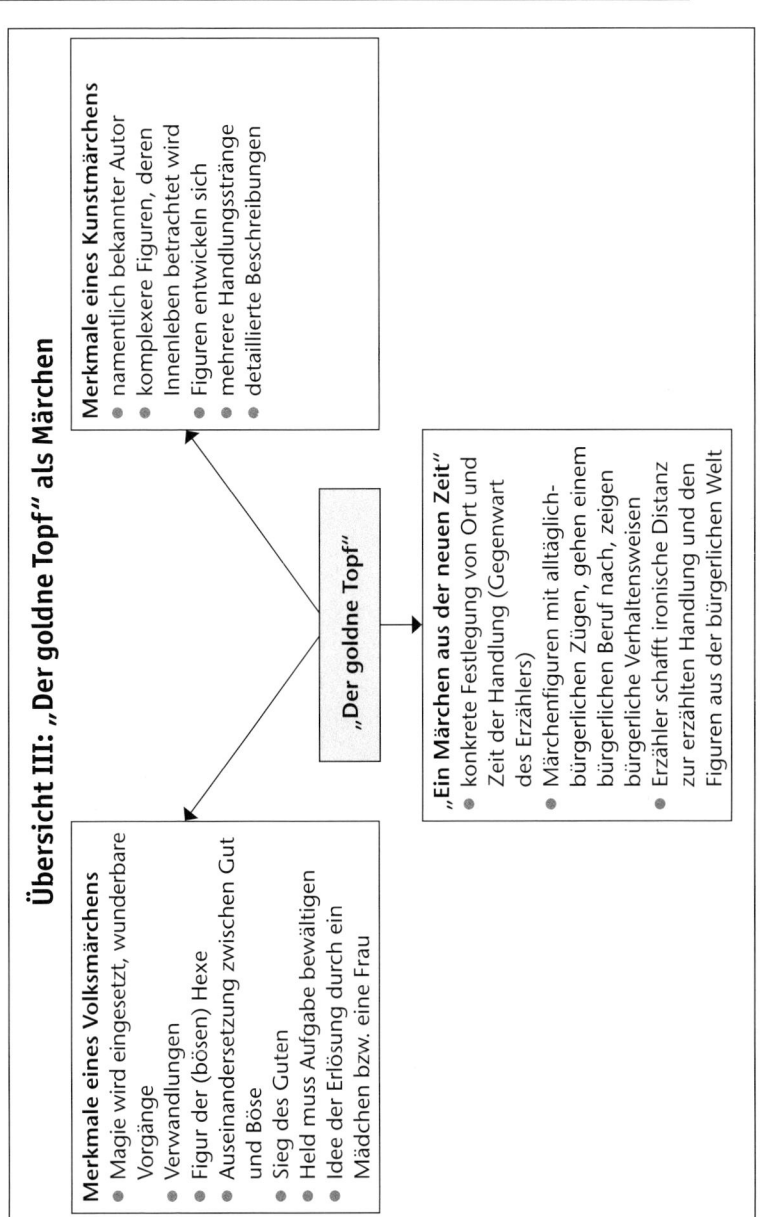

Merkmale eines Volksmärchens
- Magie wird eingesetzt, wunderbare Vorgänge
- Verwandlungen
- Figur der (bösen) Hexe
- Auseinandersetzung zwischen Gut und Böse
- Sieg des Guten
- Held muss Aufgabe bewältigen
- Idee der Erlösung durch ein Mädchen bzw. eine Frau

„Der goldne Topf"

Merkmale eines Kunstmärchens
- namentlich bekannter Autor
- komplexere Figuren, deren Innenleben betrachtet wird
- Figuren entwickeln sich
- mehrere Handlungsstränge
- detaillierte Beschreibungen

„Ein Märchen aus der neuen Zeit"
- konkrete Festlegung von Ort und Zeit der Handlung (Gegenwart des Erzählers)
- Märchenfiguren mit alltäglich-bürgerlichen Zügen, gehen einem bürgerlichen Beruf nach, zeigen bürgerliche Verhaltensweisen
- Erzähler schafft ironische Distanz zur erzählten Handlung und den Figuren aus der bürgerlichen Welt

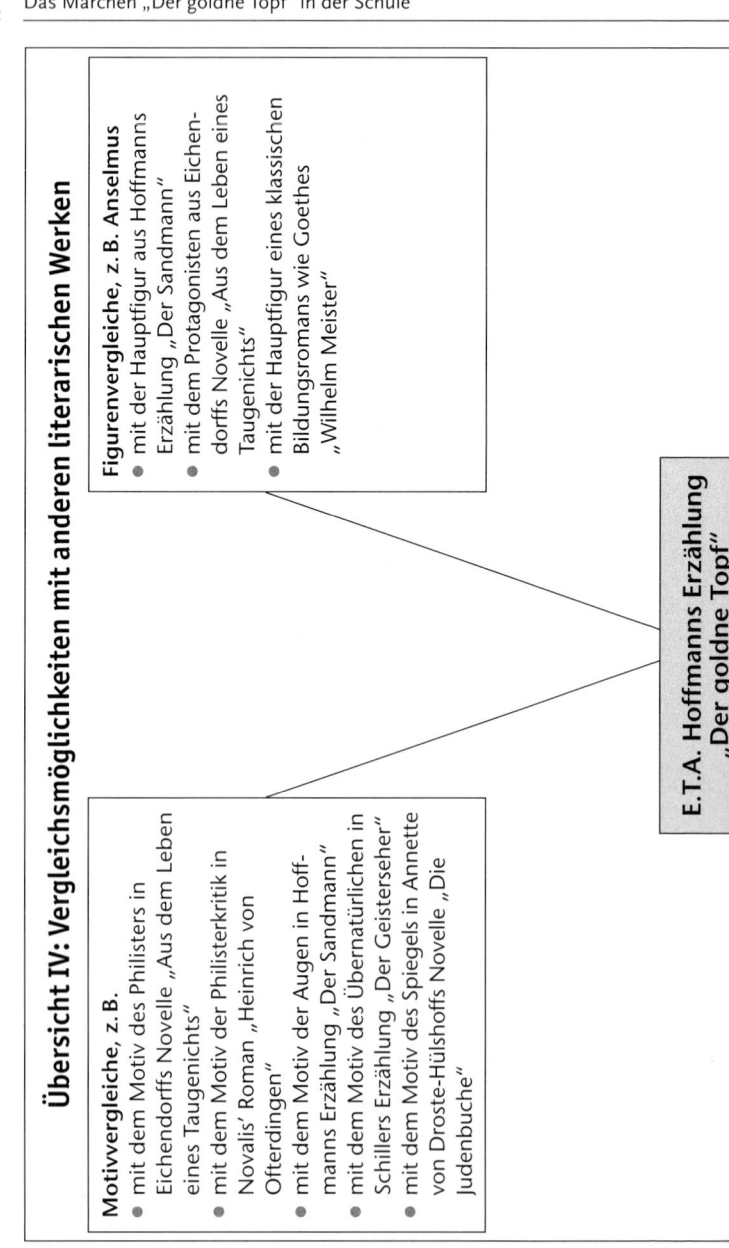

Übersicht IV: Vergleichsmöglichkeiten mit anderen literarischen Werken

Motivvergleiche, z. B.
- mit dem Motiv des Philisters in Eichendorffs Novelle „Aus dem Leben eines Taugenichts"
- mit dem Motiv der Philisterkritik in Novalis' Roman „Heinrich von Ofterdingen"
- mit dem Motiv der Augen in Hoffmanns Erzählung „Der Sandmann"
- mit dem Motiv des Übernatürlichen in Schillers Erzählung „Der Geisterseher"
- mit dem Motiv des Spiegels in Annette von Droste-Hülshoffs Novelle „Die Judenbuche"

Figurenvergleiche, z. B. Anselmus
- mit der Hauptfigur aus Hoffmanns Erzählung „Der Sandmann"
- mit dem Protagonisten aus Eichendorffs Novelle „Aus dem Leben eines Taugenichts"
- mit der Hauptfigur eines klassischen Bildungsromans wie Goethes „Wilhelm Meister"

E.T.A. Hoffmanns Erzählung „Der goldne Topf"

Intertextualität: Vergleich mit anderen Werken, z. B.

- mit anderen Märchen Hoffmanns, z. B. „Nussknacker und Mausekönig"
- mit Volksmärchen aus der Sammlung der Brüder Grimm
- mit anderen Kunstmärchen der Epoche der Romantik, z. B. Tiecks „Der blonde Eckbert"
- mit der Schauerliteratur Hoffmanns, z. B. „Das Majorat"
- mit der Kurzgeschichte „Der Untergang des Hauses Usher" von Edgar Allen Poe
- mit Mozarts Oper „Die Zauberflöte"

Hoffmanns modernes Erzählen im Vergleich mit traditionellen und modernen Erzähltexten, z. B.

- mit Eichendorffs traditionell erzählter Novelle „Aus dem Leben eines Taugenichts"
- mit Fontanes traditionell erzähltem Roman „Effi Briest"
- mit unzuverlässigen Erzählern, z. B. in Günter Grass' Roman „Die Blechtrommel" oder in Finn-Ole Heinrichs Erzählung „Räuberhände"

Internetadressen

Unter diesen Internetadressen kann man sich zusätzlich informieren:

staatsbibliothek-berlin.de/sammlungen/eta-hoffmann-archiv/
(E.T.A. Hoffmann-Archiv der Staatsbibliothek Berlin)

www.etahg.de
(Seite der E.T.A. Hoffmann-Gesellschaft, Informationen zu Leben und Werk des Autors sowie zur Wirkungsgeschichte)

www.mythos-magazin.de/methodenforschung/nb_hoffmann.pdf
(an der Universität Düsseldorf entstandene Magisterarbeit zu den Werken „Der Sandmann" und „Der goldne Topf")

http://de.wikipedia.org/Der_goldne_topf
(Kurzinformation zum Text)

(05.07.16)

Literatur

Textausgabe:

E. T. A. Hoffmann: Der goldne Topf. Ein Märchen aus der neuen Zeit, herausgegeben von Johannes Diekhans, erarbeitet von Simon Jander. Paderborn: Schöningh Verlag 2011.

Sekundärliteratur:

Brenner, Peter J.: Neue deutsche Literaturgeschichte. Tübingen: Max Niemeyer Verlag [2]2004.

Gröble, Susanne: Kompaktwissen E. T. A. Hoffmann. Stuttgart: Reclam Verlag 2000 (RUB 15222).

Neubauer, Martin: Lektüreschlüssel E. T. A. Hoffmann, Der goldne Topf. Stuttgart: Reclam Verlag 2005 (RUB 15326).

Oesterle, Günter: E. T. A. Hoffmann: Der goldne Topf. In: Interpretationen: Erzählungen und Novellen des 19. Jahrhunderts. Band 1. Stuttgart: Reclam Verlag 2011, S. 181–220.

Safranski, Rüdiger: Romantik. Eine deutsche Affäre. München: Hanser Verlag 2007.

Safranski, Rüdiger: E. T. A. Hoffmann. Das Leben eines skeptischen Phantasten. Frankfurt/M.: Fischer Taschenbuch Verlag [6]2014.

Schmidt, Jochen: Der goldne Topf. Ein Schlüsseltext romantischer Poetologie. In: Saße, Günter (Hrsg.): E. T. A. Hoffmann. Romane und Erzählungen. Interpretationen. Stuttgart: Reclam Verlag 2004, S. 43–59.

Schmitz-Emans, Monika: Einführung in die Literatur der Romantik. Darmstadt: Wissenschaftliche Buchgesellschaft [3]2009.

Schulze, Ingo: „Ich war ein begeisterter Dresdner". In: Süddeutsche Zeitung vom 31. März 2006. Hier zitiert nach: www.neumarkt-dresden.de/Texte/Ingo-Schulze.html (05.07.16).

Schwake, Timotheus: E. T. A. Hoffmann, Der Sandmann ... verstehen. Hrsg. von Johannes Diekhans. Paderborn: Schöningh Verlag 2013 (EinFach Deutsch).

Steinecke, Hartmut: E. T. A. Hoffmann. Stuttgart: Reclam Verlag 1997.